本語は大きくひらがな カタカナに区分されています。もともと固有の文字を持っていなかった日本は漢字の音（音）を借り
日本語を表記する方法を考案するようになりました。それは漢字の音と訓とは関係なく日本語の音節だけに合わせたもの
　初めはこれを万葉仮名（仮名）と言って、漢字のこぼれ体がそのまま使われました。そうするうちに漢字は回数が多くて
くのに時間がかかるので、これを次第に簡略化した字体が考案されましたが、これが平仮名とカタカナです。いずれも漢
の草書体が基本になっていますが、カタカナは字をもっと角張らせたり、漢字の画を縮めて作りました。
部で46字からなる「ひらがな」は平安時代から本格的に使われ始め、漢字の日本画とともに漢字と併用して今日に至りま
こ。
うがなは日本の日常文字や筆記体の印刷体に使用され、すべての公用書式に使用されています。
本語は韓国人が外国語を勉強しながら比較的易しいと思う言語です。まず語順が同じで単語さえ分かれば易しく話すこ
がてきて同じ漢字圏て歴史的理由で日本の単語が私たちも知らない間に多く通用されて使われています。このようなこと
簡単に日本語に接して勉強するにも良い条件です。
語圏の第三国語を学ぶ時は英語が基本にならなければなりません。その語順と単語のスペルまで似ているので、英語を
スターすれば学びやすいからです。

日本語は大きくひらがな カタカナに区分されています。もともと固有の文字を持っていなかった日本は漢字の音(音)を借
て日本語を表記する方法を考案するようになりました。それは漢字の音と訓とは関係なく日本語の音節だけに合わせたも
で、初めはこれを万葉仮名(仮名)と言って、漢字のこぼれ体がそのまま使われました。そうするうちに漢字は回数が多く
書くのに時間がかかるので、これを次第に簡略化した字体が考案されましたが、これが平仮名とカタカナです。いずれも
字の草書体が基本になっていますが、カタカナは字をもっと角張らせたり、漢字の画を縮めて作りました。
全部で46字からなる「ひらがな」は平安時代から本格的に使われ始め、漢字の日本画とともに漢字と併用して今日に至り
した。
ひらがなは日本の日常文字や筆記体の印刷体に使用され、すべての公用書式に使用されています。
日本語は韓国人が外国語を勉強しながら比較的易しいと思う言語です。まず語順が同じで単語さえ分かれば易しく話す
とができて同じ漢字圏で歴史的理由で日本の単語が私たちも知らない間に多く通用されて使われています。このようなこ
は簡単に日本語に接して勉強するにも良い条件です。
英語圏の第三国語を学ぶ時は英語が基本にならなければなりません。その語順と単語のスペルまで似ているので、英語
マスターすれば学びやすいからです。

いち, に, さん
日本語
ようい~どん!

하나, 둘, 셋!
일본어 요이~땅!

히라가나, 가타카나부터
생활 필수단어와
일본어 기초문법 마스터

상서각

일본어는 우리나라 사람들이 외국어를 공부하면서 비교적 쉽다고 생각하는 언어입니다. 우선 어순이 같아서 단어만 알면 쉽게 말을 할 수 있고 같은 한자권이며 역사적 이유 때문에 일본의 단어들이 우리도 모르는 사이에 많이 통용되어 쓰이고 있습니다. 이런 것은 쉽게 일본어를 접하고 공부하기에도 좋은 조건입니다.

영어권의 제3국어를 배울 때는 영어가 기본이 되어야 합니다. 그 어순과 단어의 스펠링까지도 비슷하기 때문에 영어를 마스터하면 배우기가 쉽기 때문입니다. 그렇다면 일본어는 어떤 언어가 기본이 되어야 할까요. 물론 우리말과 한자입니다.

우리말의 어미와 어간을 아는 것처럼 일본어도 어미의 변형으로 많은 뜻이 달라집니다. 일본어를 공부할 때 가장 어려워하는 것도 이 어미 변형에 관한 규칙들인데요, 우리말에서 '하다, 했다, 했습니다, 할 거다…' 등의 어미 변형을 생각해보면 쉽게 익힐 수 있는 규칙들입니다. 물론 언어이기 때문에 단어와 문법을 외워야 하는 것은 기본이지요. 규칙을 이해하는 것도 중요하지만 그 규칙을 활용함에 있어서 불쑥불쑥 말이 나올 정도로 외우는 것은 언어 공부의 기본이라 하겠습니다.

그 다음은 한자입니다. 일본 한자와 중국 한자는 우리나라에서 쓰는 한자와 많이 다릅니다. 획이 생략되어 있고 뜻은 같지만 새로 만들어진 글자가 많아서 불편하게

느껴질 수 있습니다. 하지만 일본어의 대부분이 한자로 이루어졌기 때문에 한자를
읽고 쓰는 것은 매우 중요한 일입니다.

이 책은 일본어를 처음 접하는 초보자를 위해 구성하였습니다. 일본어의 기본이
되는 오십음도를 중심으로 각 문자의 대표적인 단어를 제시하였고, 쉽게 익힐 수 있
도록 그림을 넣어 눈과 입으로 이해할 수 있게 하였습니다. 그런 다음 일본어에 대한
가장 기본적이면서 꼭 필요한 문법을 아주 간단하고 명료하게 정리하여 한눈에 일본
어에 대한 감을 잡고 느낄 수 있게 구성하였습니다. 또한 문법에서 말하는 여러가지
규칙들 중에서 많이 쓰이는 형용사·동사 등의 단어들을 따로 정리하고 생활에서 쓰
이는 일상 회화를 가미하여 쉽게 기억이 될 수 있게 하였습니다. 글자 한 자 모르는
초보자도 일본어의 기본을 완전히 숙지할 수 있습니다.

일본어 공부를 시작하는 독자 여러분께서는 적어도 여기에 있는 기본적인 내용만
큼은 꼭 알아두시기 바랍니다. 군더더기 없이 깔끔하게 정리한 구성으로 일본어 핵
심의 큰 줄기를 잡아 놓았습니다. 모든 언어는 기본이 확실해야 합니다. 이것저것 많
은 교재를 가지고 있는 게 아니라 한 가지를 확실하게 끝내는 것이 가장 중요합니다.

이 책이 일본어에 첫걸음을 떼는 여러분께 소중한 힘이 되길 바랍니다.

いち, に, さん
日本語
よういーどん!

하나, 둘, 셋! 일본어 요이~땅!

차례

ひらがな - 히라가나

	あ단	い단	う단	え단	お단
あ행	あ	い	う	え	お
か행	か	き	く	け	こ
さ행	さ	し	す	せ	そ
た행	た	ち	つ	て	と
な행	な	に	ぬ	ね	の
は행	は	ひ	ふ	へ	ほ
ま행	ま	み	む	め	も
や행	や		ゆ		よ
ら행	ら	り	る	れ	ろ
わ행	わ				を
받침	ん				

カタカナ - 카타카나

	ア단	イ단	ウ단	エ단	オ단
ア행	ア	イ	ウ	エ	オ
カ행	カ	キ	ク	ケ	コ
サ행	サ	シ	ス	セ	ソ
タ행	タ	チ	ツ	テ	ト
ナ행	ナ	ニ	ヌ	ネ	ノ
ハ행	ハ	ヒ	フ	ヘ	ホ
マ행	マ	ミ	ム	メ	モ
ヤ행	ヤ		ユ		ヨ
ラ행	ラ	リ	ル	レ	ロ
ワ행	ワ				ヲ
받침	ン				

chapter 01
ひらがな 익히며 쓰기

일본어는 크게 ひらがな와 カタカナ로 구분이 되어 있습니다. 원래 고유의 문자를 가지고 있지 않았던 일본은 한자의 음(音)을 빌려 일본어를 표기하는 방법을 고안하게 되었습니다. 그것은 한자의 음과 훈(訓)과는 관계없이 일본말 음절에만 맞춘 것으로 처음에는 이것을 만요가나[萬葉假名]라고 하여, 한자의 흘림체가 그대로 쓰였습니다. 그러다가 한자는 획수가 많아 쓰는 데 시간이 걸리므로 이것을 차차 간략화한 자체(字體)가 고안되었는데 이것이 히라가나와 가타카나입니다. 모두 한자의 초서체가 기본이 되었지만 가타카나는 글자를 좀 더 모나게 만들거나 한자의 획(畵)을 줄여 만들었습니다.

모두 46자로 이루어진 ひらがな는 헤이안시대(平安時代)부터 본격적으로 사용되기 시작하여 한자의 일본화와 함께 한자와 병용하며 오늘에 이르렀습니다.

ひらがな는 일본의 일상문자 및 필기체 인쇄체에 사용이 되며 모든 공용서식에 사용되고 있습니다.

ひらがな

ひらがな - 청음

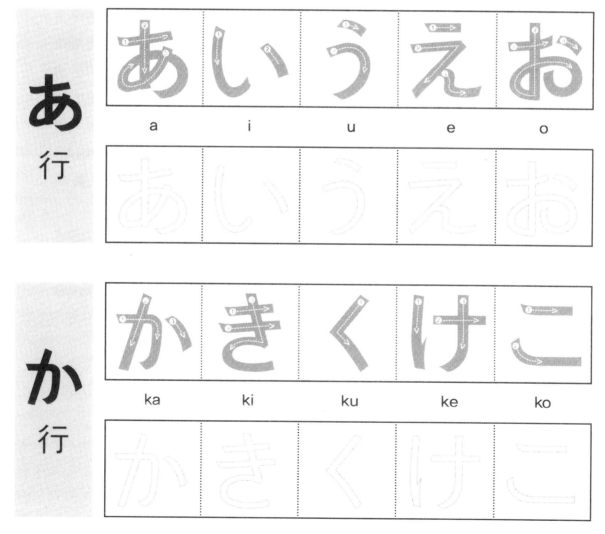

| あ 行 | あ
a | い
i | う
u | え
e | お
o |

| か 行 | か
ka | き
ki | く
ku | け
ke | こ
ko |

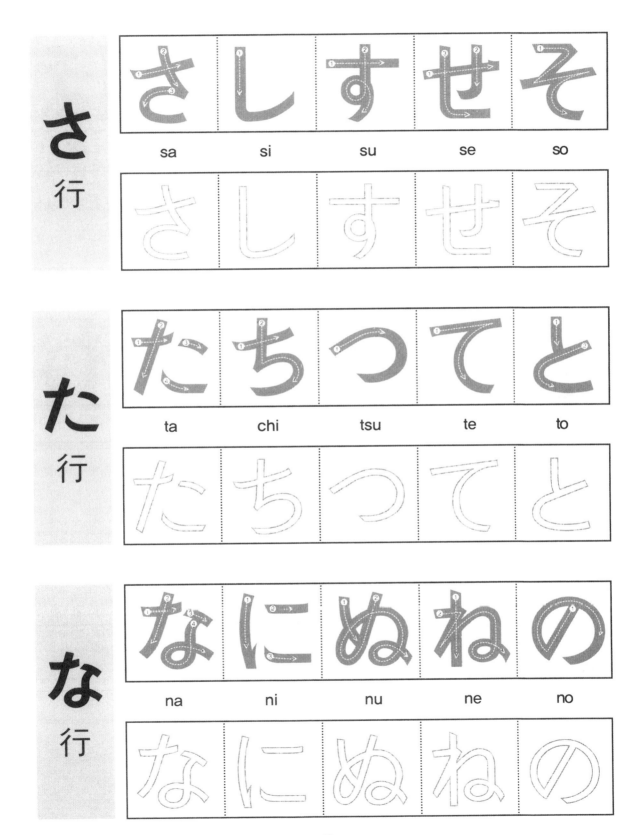

さ行

| sa | si | su | se | so |

た行

| ta | chi | tsu | te | to |

な行

| na | ni | nu | ne | no |

ひらがな 쓰기

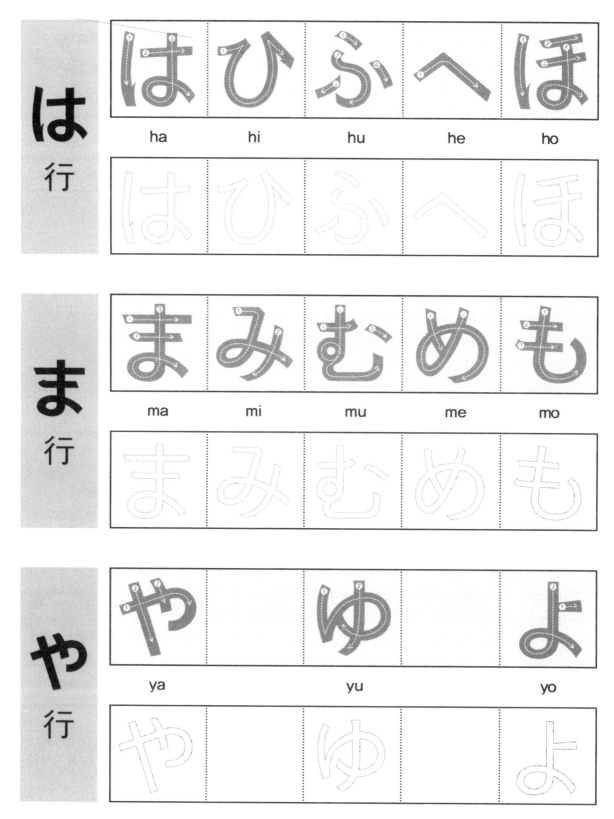

ha	hi	hu	he	ho

ma	mi	mu	me	mo

ya	yu	yo

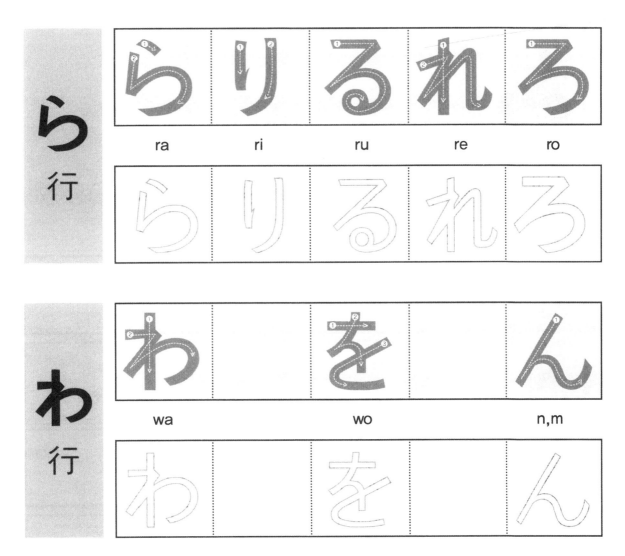

ら行

ra	ri	ru	re	ro
ら	り	る	れ	ろ

わ行

wa	wo	n,m
わ	を	ん

ん은, 원래 わ행은 아니고 받침으로만 쓰이는 글자입니다.

あ行

ひらがな - 청음

あ a	あ
い i	い
う u	う
え e	え
お o	お

あ행 あいうえお는 일본어에서 '모음'에 해당합니다.
발음은 우리말의 [아][이][우][에][오]와 같습니다.
다만 길게 장음으로 발음하는 것이 아니라 짧게 발음합니다.

あし (足) 발, 다리
[아시]
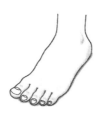

あい (愛) 사랑
[아이]

いし (石) 돌
[이시]

いえ (家) 집
[이에]

うし (牛) 소
[우시]

うた (歌) 노래
[우타]

え (絵) 그림
[에]

かえる (蛙) 개구리
[카에루]

おう (王) 왕
[오-]

おかね (お金) 돈
[오까네]

 **ひらがな** 쓰기

か 行

ひらがな – 청음

か						
ka						

き						
ki						

く						
ku						

け						
ke						

こ						
ko						

か행 かきくけこ는 영어의 k에 해당하는 [카][키][쿠][케][코] 발음입니다.
단어의 처음이나 중간에 있을 때는 [ㄱ]와 [ㅋ]의 중간 발음이 나지만,
단어의 끝에 있을 때는 [ㄲ]에 가깝게 발음되는 경우가 많습니다.

かお (顔) 얼굴
[카오]

かばん (鞄) 가방
[카방]

き (木) 나무
[키]

きぶん (気分) 기분, 느낌
[키붕]

くし (櫛) 빗
[쿠시]

くすり (薬) 약
[쿠스리]

け (毛) 털
[케]

けむり (煙) 연기
[케무리]

こい (恋) 사랑
[코이]

こころ (心) 마음
[코꼬로]

さ 行

ひらがな - 청음

さ sa					
し si					
す su					
せ se					
そ so					

さ행 さしすせそ는 영어의 s에 해당하는 [사][시][스][세][소] 발음입니다.
し의 발음은 [시]와 [쉬]의 중간 발음이고,
す의 발음은 [수]와 [스]의 중간 발음으로 생각하면 됩니다.
이 발음에 따라 정확한 일본어 발음을 가늠할 수 있습니다.

さ く ら (桜) 벚꽃
[사쿠라]

さ ら (皿) 접시
[사라]

し お (塩) 소금
[시오]

し か (鹿) 사슴
[시카]

す し (寿司) 초밥
[스시]

い す (椅子) 의자
[이스]

せ き (席) 좌석
[세끼]

せ い (背) 키, 높이
[세이]

そ う (相) 형체, 모습
[소-]

そ こ (底) 바닥, 밑바닥
[소코]

21

 **ひらがな** 쓰기

た行

ひらがな - 청음

た ta	
ち chi	
つ tsu	
て te	
と to	

た행 た て と는 영어의 t에 해당하는 [타][치][츠][테][토] 발음입니다.
ち의 발음은 [찌]와 [치]의 중간에서 [치]에 가까운 발음이고,
つ의 발음은 [쯔]와 [츠]의 중간 발음으로 간주하면 됩니다.
일본어의 모든 [우] 발음은 [우]와 [으]의 중간으로 소리냅니다.

たけ (竹) 대나무
[타케]

たこ 문어
[타코]

ちち (父) 아버지
[치치]

くち (口) 입
[쿠찌]

つくえ (机) 책상
[쯔쿠에]

つき (月) 달
[쯔키]

て (手) 손
[테]

てんき (天気) 날씨
[텡끼]

ともだち (友達) 친구
[토모다찌]

とけい (時計) 시계
[토케-]

 ひらがな 쓰기

な行

ひらがな - 청음

な na	な
に ni	に
ぬ nu	ぬ
ね ne	ね
の no	の

な행　なにぬねの는 영어에서 n에 해당하는 [나][니][누]네][노] 발음입니다.
ぬ의 발음은 [누]와 [느]의 중간으로 소리냅니다.

24

なつ (夏) 여름
[나쯔]

なす (茄子) 가지
[나스]

にく (肉) 고기
[니쿠]

にじ (虹) 무지개
[니지]

ぬの (布) 천, 직물
[누노]

いぬ (犬) 개
[이누]

ねこ (猫) 고양이
[네코]

ねつ (熱) 열
[네쯔]

のみもの (飲物) 음료
[노미모노]

つの (角) 뿔
[쯔노]

は行

ひらがな - 청음

は	ha					
ひ	hi					
ふ	hu					
へ	he					
ほ	ho					

は행 はひふへほ는 영어에서 h에 해당하는
[하][히][후][헤][호] 발음입니다.
ふ의 발음은 [후]와 [흐]의 중간으로 소리냅니다.

はな (花) 꽃
[하나]

はたけ (畑) 밭
[하타케]

ひ (日) 해, 태양
[히]

ひこうき (飛行機) 비행기
[히코-키]

ふね (船) 배, 선박
[후네]

ふゆ (冬) 겨울
[후유]

へや (部屋) 방, 곳간
[헤야]

へび (蛇) 뱀
[헤비]

ほし (星) 별
[호시]

ほか (外) 바깥
[호까]

ま 行

ひらがな - 청음

ま ma	
み mi	
む mu	
め me	
も mo	

ま행 まみむめも는 영어의 m에 해당하는 [마][미][무][메][모] 발음입니다.
む의 발음은 [무]와 [므]의 중간으로 소리냅니다.

まめ (豆) 콩
[마메]

まち (町) 거리
[마찌]

みち (道・路) 도로, 길
[미찌]

みせ (店) 가게
[미세]

むし (虫) 벌레, 곤충
[무시]

むね (胸) 가슴
[무네]

め (目・眼) 눈
[메]

あめ (雨) 비
[아메]

もも (桃) 복숭아
[모모]

にもつ (荷物) 짐
[니모쯔]

 **ひらがな** 쓰기

や行

ひらがな - 청음

や ya						

ゆ yu						

よ yo						

や행 やゆよ는 반모음으로 영어에서 y에 해당하는 [야][유][요] 발음입니다.
や행에는 い와 え단의 글자가 없습니다.

やま (山) 산
[야마]

おや (親) 부모
[오야]

ゆき (雪) 눈
[유키]

ゆめ (夢) 꿈
[유메]

ようき (容器) 용기
[요-키]

よい (良い・善い・好い)
[요이]

좋다, 우수하다

ら 行

ひらがな - 청음

ら ra	
り ri	
る ru	
れ re	
ろ ro	

ら행 らりるれろ는 영어의 L에 해당하는 [라][리][루][레][로] 발음으로,
영어처럼 혀를 굴려서 발음하지는 않습니다.
る의 발음은 [루]와 [르]의 중간으로 소리냅니다.

とら (虎) 호랑이
[토라]

そら (空) 하늘
[소라]

とり (鳥) 새
[토리]

あり (蟻) 개미
[아리]

くるま (車) 차, 바퀴
[쿠루마]

あひる (家鴨)
[아히루]
오리, 집오리

れきし (歴史) 역사
[레키시]

れつ (列)
[레쯔]
열, 줄, 행렬

ふろ (風呂) 목욕
[후로]

いろ (色) 빛, 색깔
[이로]

33

わ行

ひらがな - 청음

わ wa						

を wo						

ん n						

반모음인 わ, を는 우리말의 [와][오]로 길지 않게 발음합니다.
ん은 비음처럼 콧소리를 내며 앞에 이어지는 글자에 따라
[ㄴ][ㅇ][ㅁ]의 받침으로 발음이 달라집니다.

わに (鰐) 악어
[와니]

かわ (川・河) 강, 하천
[카와]

ほん (本) 책
[홍]

みかん (蜜柑) 귤, 귤나무
[미깡]

ひらがな

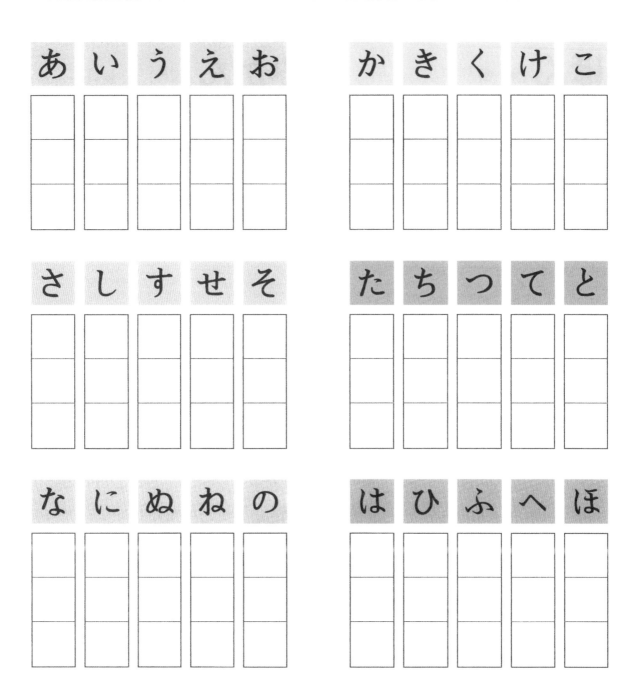

あ	い	う	え	お

か	き	く	け	こ

さ	し	す	せ	そ

た	ち	つ	て	と

な	に	ぬ	ね	の

は	ひ	ふ	へ	ほ

ひらがなの 오십음을 익숙해질 때까지 외우고 쓰세요.
소리를 내며 읽으면서 쓰면 도움이 될 것입니다.

ま	み	む	め	も

や		ゆ		よ

ら	り	る	れ	ろ

わ				を

ん				

37

が 行

ひらがな - 탁음

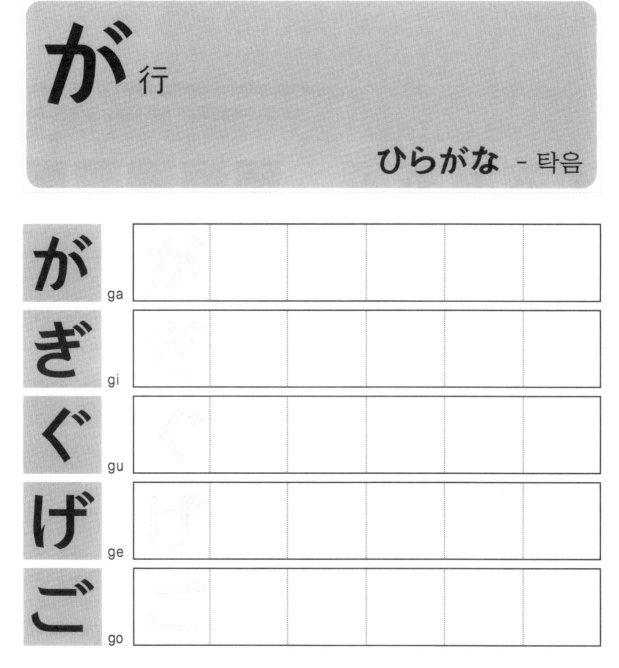

が		ga
ぎ		gi
ぐ		gu
げ		ge
ご		go

が행 がぎぐげご는 영어의 g에 해당하는 [가][기][구][게][고] 발음입니다.
입 속에서 발음을 준비하듯이 튀어나가듯 말하지 않고
성대를 울리면서 소리를 냅니다.

がくせい
[각세-]
(学生) 학생

めがね (眼鏡) 안경
[메가네]

ぎんか (銀貨) 은화
[깅까]

かぎ (鍵) 열쇠
[카기]

かぐ (家具) 가구
[카구]

ぐんかん (軍艦) 군함
[궁깡]

げた 일본 나막신
[게따]

ひげ (髭) 수염
[히게]

ごはん (御飯) 밥, 식사
[고항]

りんご (林檎) 사과
[링고]

ざ 行

ひらがな – 탁음

ざ	za
じ	ji
ず	zu
ぜ	ze
ぞ	zo

ざ행 ざじずぜぞ는 영어에서 z와 j에 해당하는 [자][지][주][제][조] 발음입니다.
입 속에서 발음을 준비하듯이 튀어나가듯 말하지 않고 무겁게 소리를 냅니다.
특히 じ는 [지]와 [쥐]의 중간 소리로 발음합니다.

ざる (笊) 소쿠리
[자루]

ひざ (膝) 무릎
[히자]

かじ (火事)
[카지]
화재, 불

かんじ (感じ)
[칸지]
감각, 감촉

すずめ (雀) 참새
[스즈메]

みず (水) 물
[미즈]

かぜ (風) 바람
[카제]

ぜんざい 단팥죽
[젠자이]

ぞう (象) 코끼리
[조-]

かぞく (家族) 가족
[카조쿠]

だ行

ひらがな - 탁음

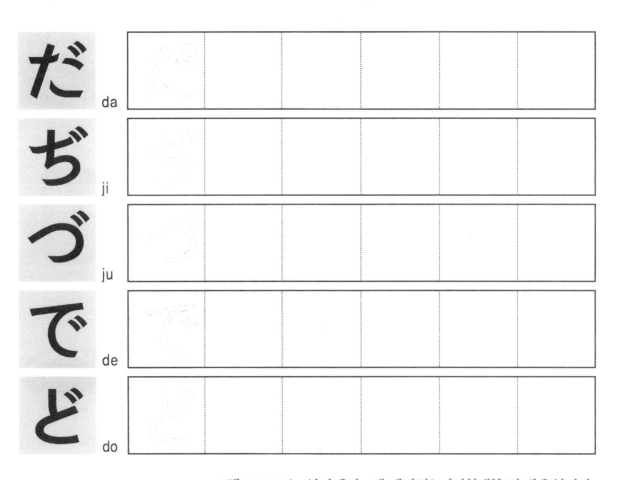

	だ da
	ぢ ji
	づ ju
	で de
	ど do

だ행 だでど는 영어에서 d에 해당하는 [다][데][도] 발음입니다.

ぢ, づ는 영어의 z나 j에 해당하는 [지][즈]로 발음합니다.

단, 발음과 상관없이 컴퓨터 입력을 할 때 ぢ, づ는 [di]와 [du]로 입력합니다.

だれ (誰) 누구
[다레]

からだ (身) 몸, 신체
[카라다]

はなぢ (鼻血)
[하나지]
코피

ちかぢか
[치까지카]
(近近) 머지 않아

こづかい
[코즈까이]
(小遣い) 용돈

でんわ (電話) 전화
[뎅와]

うで (腕) 팔
[우데]

こども (子供) 아이
[코도모]

まど (窓) 창문
[마도]

ば行

ひらがな - 탁음

ば ba						

び bi						

ぶ bu						

べ be						

ぼ bo						

ば행 ばびぶべぼ는 영어에서 b에 해당하는 [바][비][부][베][보] 발음입니다.
우리말을 할 때보다 입을 작게 벌리고 안으로 모으며 소리를 냅니다.

ばら (薔薇) 장미
[바라]

たばこ (煙草) 담배
[타바꼬]

びんせん (便箋) 편지지
[빙셍]

へび (蛇) 뱀
[헤비]

ぶた (豚) 돼지
[부따]

しんぶん (新聞) 신문
[심붕]

かべ (壁) 벽
[카베]

くらべ (競べ) 비교, 경쟁
[쿠라베]

ぼく (僕) 나, 하인
[보꾸]

つぼ (壺) 항아리
[쯔보]

 **ひらがな** 쓰기

ぱ行

ひらがな - 반탁음

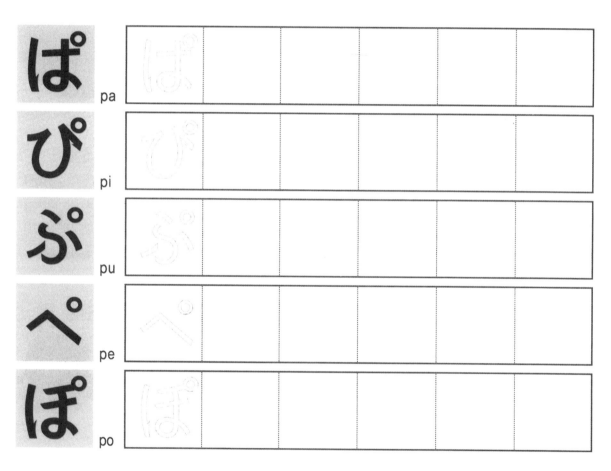

ぱ pa						
ぴ pi						
ぷ pu						
ぺ pe						
ぽ po						

ぱ행 ぱぴぷぺぽ는 영어의 p에 해당하고
우리말로는 [ㅍ]보다 센 발음인 [빠][삐][뿌][뻬][뽀]로 소리냅니다.

ぱちぱち
[빠치빠치]
톡톡 (콩이 볶이면서 튀는 소리)

ぴかぴか
[삐카삐카]
반짝반짝 (윤이 나며 반짝이는 모양)

ぷかぷか
[뿌카뿌카]
둥실둥실, 뻐끔뻐끔

ぺらぺら
[뻬라뻬라]
술술, 줄줄 (외국어를 유창하게 지껄이는 모양)

ぽろぽろ
[뽀로뽀로]
주르르, 줄줄 (눈물이 떨어지는 모양)

 **ひらがな** 쓰기

[や][ゆ][よ]

ひらがな - 요음

きゃ kya	
きゅ kyu	
きょ kyo	
しゃ sha	
しゅ shu	
しょ sho	
ちゃ cha	
ちゅ chu	
ちょ cho	

48

にゃ nya	にゃ			
にゅ nyu	にゅ			
にょ nyo	にょ			
ひゃ hya	ひゃ			
ひゅ hyu	ひゅ			
ひょ hyo	ひょ			

요음 'や, ゆ, よ'는 い단 글자인 'き, し, ち, に, ひ, み, り, ぎ, じ, び, ぴ'의 우측 하단에
작게 'ゃ, ゅ, ょ'를 표기하여 앞의 글자와 함께 합쳐서 한 소리로 발음합니다.
컴퓨터에 입력을 할 때도 영문 발음 표기를 참조하여 합쳐진 글자 소리로 입력을 합니다.

〈예〉: ひゃく [햐꾸] 　　백, 100
　　　　やきゅう [야큐-] 　　야구
　　　　きょう [쿄-] 　　오늘

[や][ゆ][よ]

ひらがな - 요음

みゃ mya				
みゅ myu				
みょ myo				
りゃ rya				
りゅ ryu				
りょ ryo				
ぎゃ gya				
ぎゅ gyu				
ぎょ gyo				

じゃ zya	じゃ			
じゅ zyu	じゅ			
じょ zyo	じょ			
びゃ bya	びゃ			
びゅ byu	びゅ			
びょ byo	びょ			
ぴゃ pya	ぴゃ			
ぴゅ pyu	ぴゅ			
ぴょ pyo	ぴょ			

 **ひらがな** 쓰기

きゃく (客) 손님
[캬꾸]

きょう (今日) 오늘
[쿄-]

しゃかい (社会) 사회
[샤카이]

しゅふ (主婦) 주부
[슈후]

おちゃ (お茶) 차
[오챠]

ちゅうい (注意) 주의
[츄-이]

ひゃく (百) 백, 100
[햐꾸]

りゅうこう (流行) 유행
[류-코-]

りゃくず (略図) 약도
[랴쿠즈]

りょこう (旅行) 여행
[료코-]

[っ]

ひらがな － 촉음

촉음 'っ'는 우리말의 받침 개념으로
다음에 오는 자음에 따라 소리가 달라지므로 주의합니다.
컴퓨터에 입력을 할 때는 xtu로 입력합니다.

しっぱい (失敗) 실패
[십빠이]

ぜっぺき (絶壁) 절벽
[젭뻬키]

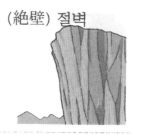

きって (切手) 우표
[킷떼]

ねっしん (熱心) 열심
[넷싱]

けっか (結果) 결과
[켁카]

はっけん (発見) 발견
[학켕]

chapter 02

カタカナ 익히며 쓰기

일본어는 크게 ひらがな와 カタカナ로 구분이 되어 있습니다. 원래 고유의 문자를 가지고 있지 않았던 일본은 한자의 음(音)을 빌려 일본어를 표기하는 방법을 고안하게 되었습니다. 그것은 한자의 음과 훈(訓)과는 관계없이 일본말 음절에만 맞춘 것으로 처음에는 이것을 만요가나[萬葉假名]라고 하여, 한자의 흘림체가 그대로 쓰였습니다. 그러다가 한자는 획수가 많아 쓰는 데 시간이 걸리므로 이것을 차차 간략화한 자체(字體)가 고안되었는데 이것이 히라가나와 가타카나입니다. 모두 한자의 초서체가 기본이 되었지만 가타카나는 글자를 좀 더 모나게 만들거나 한자의 획(畫)을 줄여 만들었습니다.

모두 46자로 이루어진 ひらがな는 헤이안시대(平安時代)부터 본격적으로 사용되기 시작하여 한자의 일본화와 함께 한자와 병용하며 오늘에 이르렀습니다.

カタカナ는 대표적으로 외래어를 표기를 할 때 사용뇌는 것으로 외국인명(外國人名), 지명(地名), 의성어, 의태어, 동식물명, 일본에서 사용중인 전보문에 쓰입니다.

 **カタカナ** 쓰기

カタカナ

カタカナ - 청음

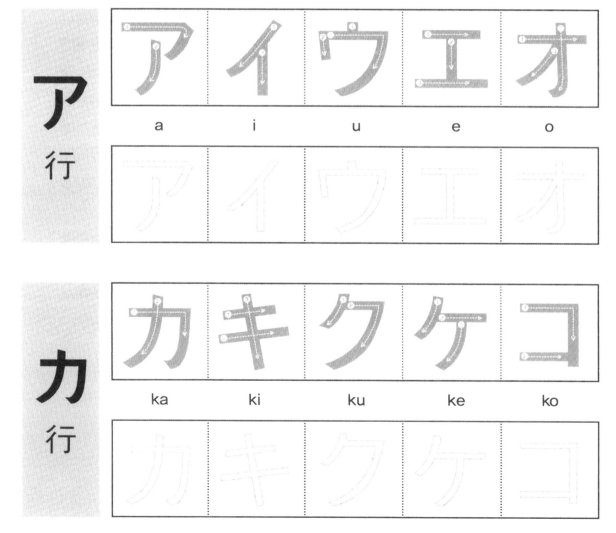

ア行	ア	イ	ウ	エ	オ
	a	i	u	e	o

カ行	カ	キ	ク	ケ	コ
	ka	ki	ku	ke	ko

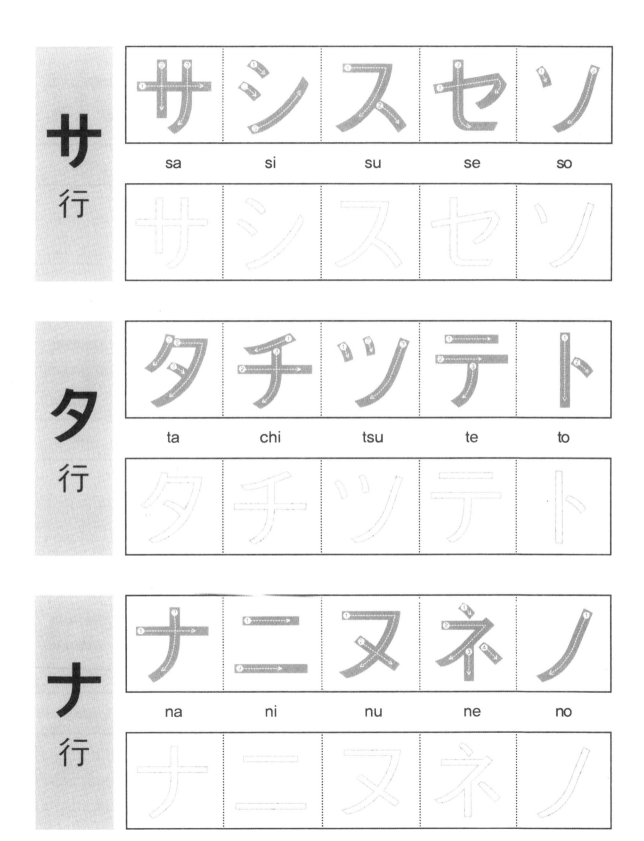

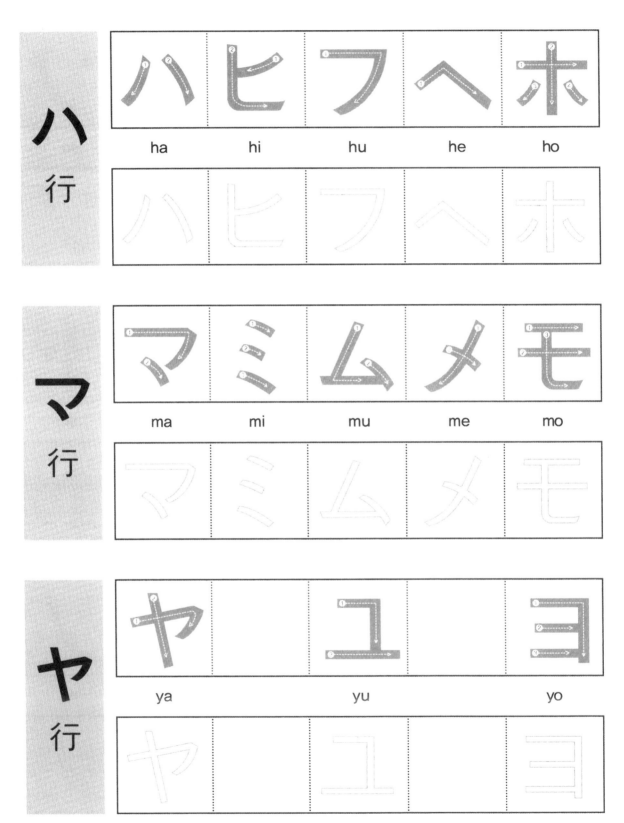

ハ行

ハ	ヒ	フ	ヘ	ホ
ha	hi	hu	he	ho

マ行

マ	ミ	ム	メ	モ
ma	mi	mu	me	mo

ヤ行

ヤ	ユ	ヨ
ya	yu	yo

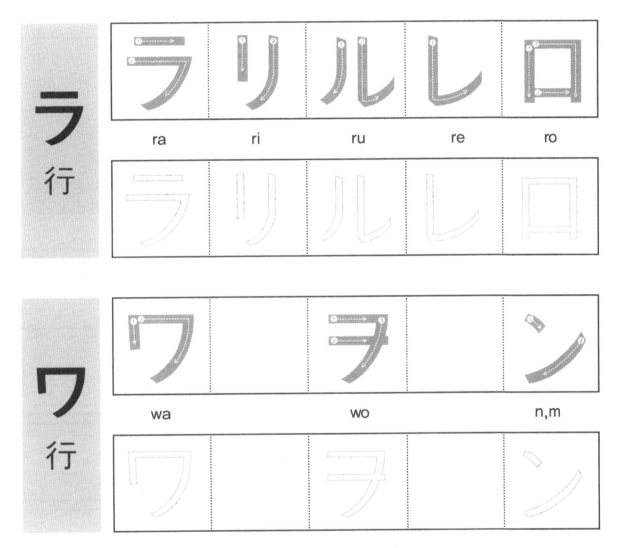

ン은, 원래 ワ행이 아니고 받침으로만 쓰이는 글자입니다.

 **カタカナ**쓰기

ア行

カタカナ - 청음

ア	a
イ	i
ウ	u
エ	e
オ	o

カタカナ의 ア행 アイウエオ는 일본어에서 '모음'에 해당합니다.

발음은 우리말의 [아] [이] [우] [에] [오]와 같습니다.

다만 길게 장음으로 발음하는 것이 아니라, 짧게 발음합니다.

특히 カタカナ에서는 ' – '가 사용되는데, 길게 발음하는 장음입니다.

アイス (ice) 얼음
[아이스]

アメリカ
[아메리까]
(America) 미국

イヤホン (earphone) 이어폰
[이야폰]

イタリア
[이타리아]
(Italia) 이탈리아

ウイング
[윙구]
(wing) 날개

ウイスキー
[우이스끼-]
(whisky) 위스키

エスカレーター
[에스카레-타-]
(escalator) 에스컬레이터

エンジン
[엔징]
(engine) 엔신

オレンジ (orange) 오렌지
[오렌지]

オートバイ
[오-또바이]
(auto bicycle)
오토바이

カ 行

カタカナ - 청음

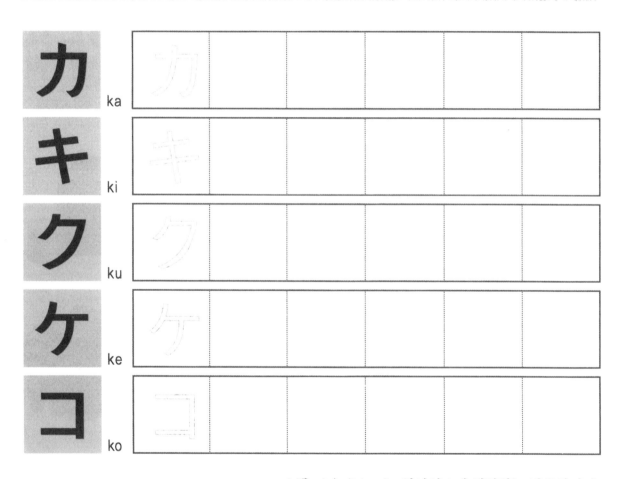

カ ka						
キ ki						
ク ku						
ケ ke						
コ ko						

カ행　カキクケコ는 영어의 k에 해당하는 발음입니다.
단어의 처음이나 중간에 있을 때는 [ㄱ]와 [ㅋ]의 중간 발음이 나지만,
단어의 끝에 있을 때는 [ㄲ]에 가깝게 발음되는 경우가 많습니다.

カメラ (camera) 카메라
[카메라]

カー (car) 자동차
[카-]

キング (king) 왕
[킹구]

ギター (guitar) 기타
[기따-]

クッキー (cookie) 쿠키
[쿡끼-]

トラック (truck) 트럭
[토락쿠]

ケーキ (cake) 케익
[케-끼]

ケース (case) 상자
[케-스]

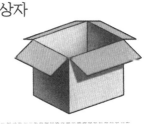

コーヒー (coffee) 커피
[코-히-]

コップ (cup) 컵
[콥푸]

カタカナ 쓰기

サ 行

カタカナ - 청음

サ sa					
シ si					
ス su					
セ se					
ソ so					

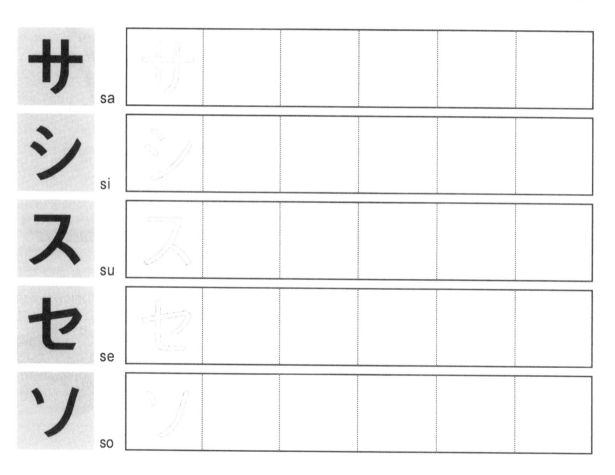

サ행 サシスセソ는 영어의 s에 해당하는 발음입니다.
シ의 발음은 [시]와 [쉬]의 중간 발음이고,
ス의 발음은 [수]와 [스]의 중간 발음으로 생각하면 됩니다.
이 발음에 따라 정확한 일본어 발음을 가늠할 수 있습니다.

サービス
[싸-비스]
(service) 서비스

サンドイッチ
[산도잇치]
(sandwich) 샌드위치

シーソー (seesaw) 시소
[시-소-]

シャツ (shirt) 셔츠
[샤츠]

スカート
[스카-또]
(skirt) 치마

スポーツ
[수뽀-쯔]
(sports) 스포츠

セーター (sweater) 스웨터
[세-따-]

センチ (centi) 센티미터
[센찌]

ソーセージ (sausage) 소시지
[소-세-지]

ソファアー (sofa) 소파
[소파-]

カタカナ 쓰기

タ 行

カタカナ - 청음

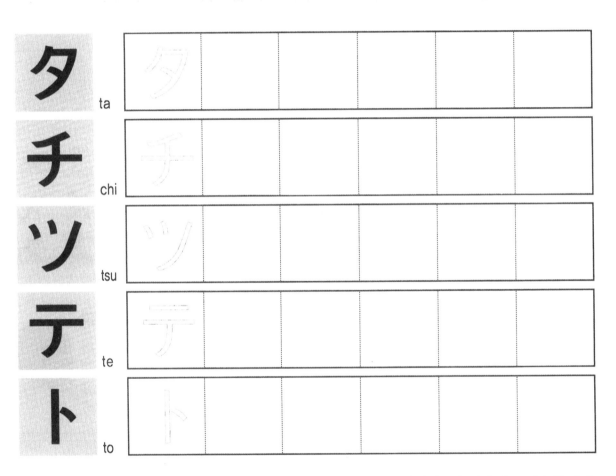

タ ta						
チ chi						
ツ tsu						
テ te						
ト to						

タ행에서 タテト 는 영어의 t에 해당하는 발음입니다.
チ의 발음은 [찌]와 [치]의 중간에서 [치]에 가까운 발음이고,
ツ의 발음은 [쯔]와 [츠]의 중간 발음으로 생각하면 됩니다.
일본어의 모든 [ウ]단 발음은 [우]와 [으]의 중간으로 소리냅니다.

66

タクシー (taxi) 택시
[타꾸시-]

タイヤ (tire) 타이어
[타이야]

チーズ (cheese) 치즈
[치-즈]

チケット (ticket) 티켓
[치겟또]

ツアー (tour) 여행
[쯔아-]

ドーナツ (doughnut) 도너츠
[도-나쯔]

テレビ (television) 텔레비전
[테레비]

テープ (tape) 테이프
[테-뿌]

トイレ
[토이레]
(toilet) 화장실

トマト (tomato) 토마토
[토마또]

 **カタカナ** 쓰기

ナ 行

カタカナ - 청음

ナ na					
ニ ni					
ヌ nu					
ネ ne					
ノ no					

ナ행 ナニヌネノ는 영어의 n에 해당하는 발음입니다.
ヌ의 발음은 [누]와 [느]의 중간으로 소리냅니다.

ナイフ (knife) 칼
[나이푸]

バナナ (banana) 바나나
[바나나]

ニット (knit) 니트
[닛또]

ニュース
[뉴-스]
(news) 뉴스

ヌード
[누-도]
(nude) 누드

カヌー (canoe) 카누
[카누-]

ネクタイ
[네쿠따이]
(necktie) 넥타이

インターネット
[인타-넷또]
(internet) 인터넷

ノート (note) 노트
[노-또]

ピアノ (piano) 피아노
[피아노]

ハ行

カタカナ - 청음

ハ	ha					
ヒ	hi					
フ	hu					
ヘ	he					
ホ	ho					

ハ행 ハヒフへホ는 영어의 h에 해당하는 [하][히][후][헤][호] 발음입니다.
フ의 발음은 [후]와 [흐]의 중간으로 소리냅니다.

ハンカチ
[항까치]
(handkerchief)
손수건

ハート
[하-또]
(heart) 마음, 심장

ヒーター
[히-따-]
(heater) 히터

コーヒー (coffee) 커피
[코-히-]

フィルム
[휘루무]
(film) 필름

フルート (flute) 플룻
[후루-또]

ヘア (hair) 헤어, 머리카락
[헤아]

ヘッド (head) 헤드, 머리
[헷또]

ホテル
[호떼루]
(hotel) 호텔

ホール
[호-루]
(hall) 홀, 거실

マ 行

カタカナ - 청음

マ ma	 				
ミ mi					
ム mu					
メ me					
モ mo					

マ행 マミムメモ는 영어의 m에 해당하는 [마][미][무][메][모] 발음입니다.
ム의 발음은 [무]와 [므]의 중간으로 소리냅니다.

マッチ (match) 성냥
[맛찌]

マジック
[마직꾸]
(magic) 매직, 마술

ミラー (mirror) 거울
[미라-]

ミルク (milk) 우유
[미루꾸]

ムービー
[무-비-]
(movie) 무비, 영화

クリーム (cream) 크림
[쿠리-무]

メロン (melon) 멜론
[메론]

メートル (metre) 미터
[메-또루]

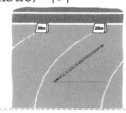

モデル
[모데루]
(model) 모델

モンスター
[몬스따-]
(monster) 괴물

 **カタカナ** 쓰기

ヤ行

カタカナ - 청음

ヤ ya	マ					
ユ yu	ユ					
ヨ yo	ヨ					

ヤ행 ヤユヨ는 반모음으로 영어의 y에 해당하는 [야][유][요] 발음입니다.
ヤ행에서는 イ와 エ단의 글자가 없습니다.

74

ヤング
[양구]
(young) 젊은

ヤクルト
[야꾸루또]
(Yakult) 야쿠르트

ユニホーム
[유니호-므]
(uniform) 유니폼

ユーモア
[유-모아]
(humor) 유머, 재치

ヨット (yacht) 요트
[욧또]

ヨガ (yoga) 요가
[요가]

ラ 行

カタカナ - 청음

ラ ra	
リ ri	
ル ru	
レ re	
ロ ro	

ラ행 ラリルレ ロ는 영어의 L에 해당하는
[라][리][루][레][로] 발음으로 영어처럼 혀를 굴려서 발음하지는 않습니다.
る의 발음은 [루]와 [르]의 중간으로 소리냅니다.

ラジオ (radio) 라디오
[라지오]

ラーメン (拉麵) 라면
[라-멩]

リボン (ribbon) 리본
[리봉]

アメリカ
[아메리까]
(America) 미국

ルビ (ruby) 루비
[루비]

メール (mail) 메일, 편지
[메-루]

レモン (lemon) 레몬
[레몽]

レストラン
[레스또랑]
(restaurant) 레스또랑

ロケット (rocket) 로켓
[로켓또]

ロシア (Russia) 러시아
[로시아]

 **カタカナ**쓰기

ワ行

カタカナ - 청음

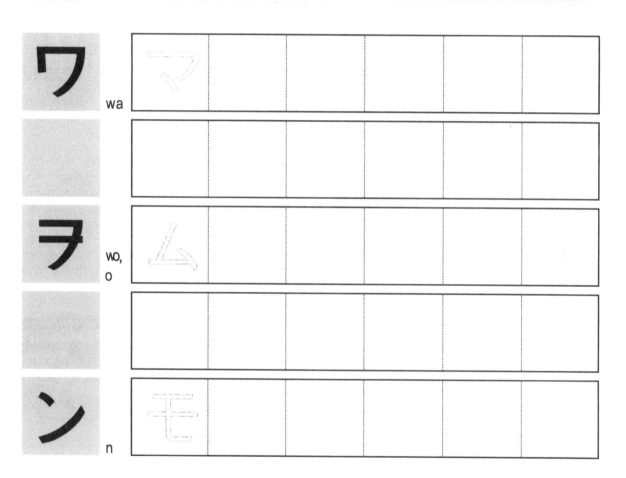

ワ wa	ワ				
ヲ wo, o	ム				
ン n	モ				

반모음인 ワ, ヲ는 우리말의 [와][오] 로 길지 않게 발음합니다.
ン은 비음처럼 콧소리를 내며 앞에 이어지는 글자에 따라,
[ㄴ][ㅇ][ㅁ]의 받침으로 발음이 달라집니다.

ワイーシャツ

[와이-샫쯔]
(white shirt)
와이셔츠

ワイン (wine) 와인

[와인]

カタカナ

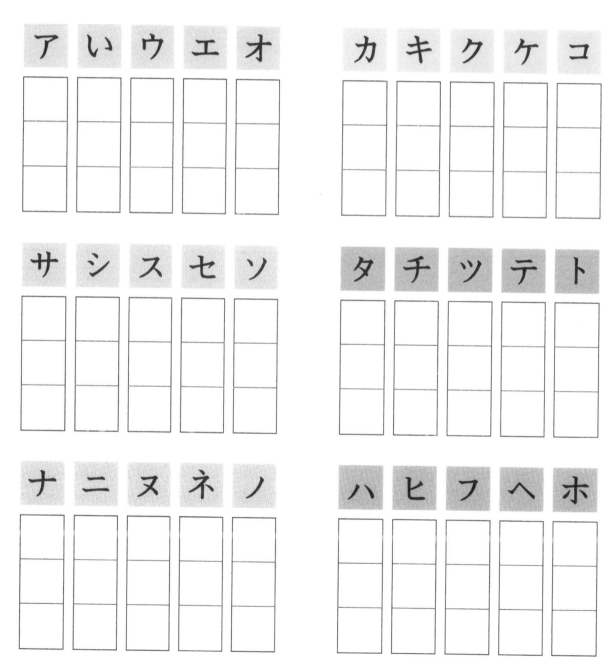

ア	い	ウ	エ	オ

カ	キ	ク	ケ	コ

サ	シ	ス	セ	ソ

タ	チ	ツ	テ	ト

ナ	ニ	ヌ	ネ	ノ

ハ	ヒ	フ	ヘ	ホ

カタカナ 쓰기

カタカナの 오십음을 완전히 익숙해질 때까지 외우고 쓰세요.
소리를 내며 읽으면서 쓰면 더 도움이 될 것입니다.

マ	ミ	ム	メ	モ

ヤ		ユ		ヨ

ラ	リ	ル	レ	ロ

ワ				ヲ

ン				

ガ行

カタカナ - 탁음

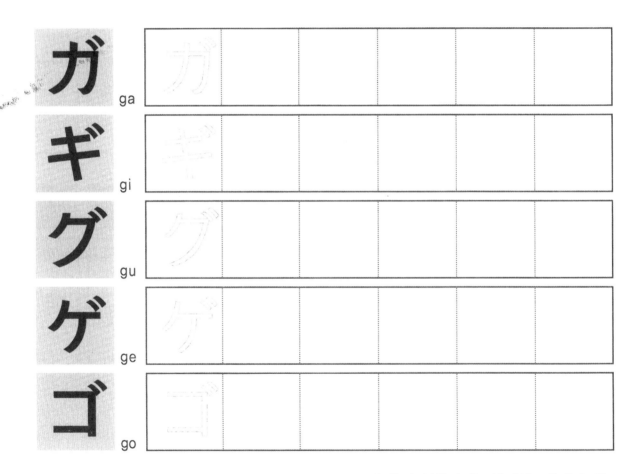

ガ ga

ギ gi

グ gu

ゲ ge

ゴ go

ガ행 ガギグゲゴ는 영어의 g에 해당하는
[가][기][구][게][고] 발음인데 입 속에서 발음을 준비하듯이
튀어나가듯 말하지 않고 성대를 울리면서 소리를 냅니다.

ガイド
[가이도]
(guide) 안내

ガソリン (gasoline) 휘발유
[가소링]

ギター (guitar) 기타
[기따-]

ギヤ (gear) 기어, 톱니바퀴
[기야]

グループ
[구루-푸]
(group) 그룹

プログラム
[푸로구라무]
(program)
프로그램

ゲーム (game) 게임
[게-무]

スパゲッティ
[스빠겟띠]
(spaghetti) 스파게티

ゴルフ (golf) 골프
[고루푸]

ゴールド (gold) 골드, 금
[고-루도]

ザ 行

カタカナ - 탁음

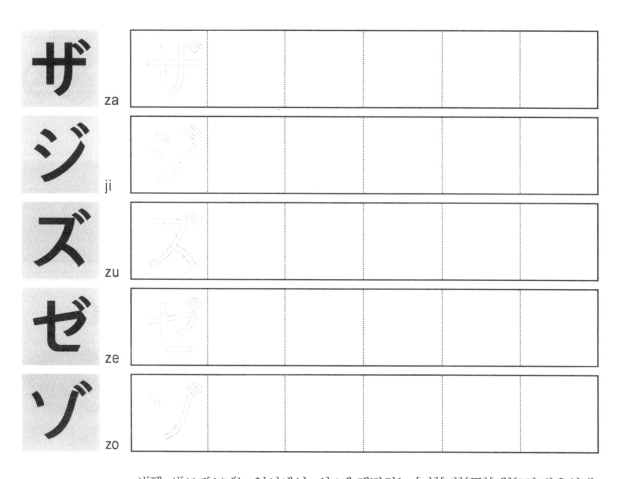

ザ za					
ジ ji					
ズ zu					
ゼ ze					
ゾ zo					

ザ행 ザジズゼゾ는 영어에서 z와 j에 해당하는 [자][지][주][제][조] 발음인데.
입속에서 발음을 준비하듯이 튀어나지 않고 무겁게 소리를 냅니다.
특히 ジ는 [지]와 [쥐]의 중간 소리로 발음합니다.

デザート (dessert) 디저트
[데자-또]

ザボン (zamboa) 자몽
[자봉]

ジム (gym) 헬스클럽, 체육관
[지무]

オレンジ (orange) 오렌지
[오렌지]

ズボン (jupon) 바지
[즈봉]

チーズ (cheese) 치즈
[치-즈]

プレゼント
[푸레젠또]
(present) 선물

ゼロ (zero) 영, 0
[제로]

リゾート (resort) 리조트
[리조-또]

ゾーン (zone) 존, 지대, 구역
[조-운]

 **カタカナ** 쓰기

ダ 行

カタカナ - 탁음

ダ	da					
ヂ	di, ji					
ヅ	du, zu					
デ	de					
ド	do					

ダ행 ダデド는 영어의 d에 해당하는 [다][데][도] 발음인데
ヂ, ヅ는 영어의 z나 j에 해당하는 [지][즈]로 발음합니다.
단, 발음과 상관없이 컴퓨터 입력을 할 때 ぢ, づ는 [di]와 [du]로 입력합니다.

86

カレンダー 달력, 캘린더

[카렌다-]

(calendar)

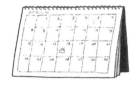

サンダル (sandal) 샌들

[산다루]

ヂ (발음이 같은 ヅ를 사용)

ヅ (발음이 같은 ズ를 사용)

デザイン

[데자인]

(design) 디자인

データ (data) 데이터, 자료

[데-타]

カード (card) 카드

[카-도]

ドラマ (drama) 드라마

[도라마]

バ行

カタカナ - 탁음

バ ba	マ
ビ bi	ミ
ブ bu	ム
ベ be	メ
ボ bo	モ

バ행　バビブベボ는 영어의 b에 해당하는 [바][비][부][베][보] 발음입니다.
우리말을 할 때보다 입을 작게 벌리고 안으로 모으며 소리를 냅니다.

バス (bus) 버스
[바스]

バナナ (banana) 바나나
[바나나]

ビル (building) 빌딩
[비루]

サービス
[사-비스]
(service) 서비스

テーブル (table) 테이블, 탁자
[테-부르]

ドライブ (drive) 드라이브
[도라이부]

ベッド (bed) 침대
[벳도]

エレベーター 엘리베이터
(elevator) [에레베-따-]

ボタン (button) 단추, 초인종
[보탕]

ボート (boat) 보트
[보-또]

カタカナ 쓰기

パ行

カタカナ - 반탁음

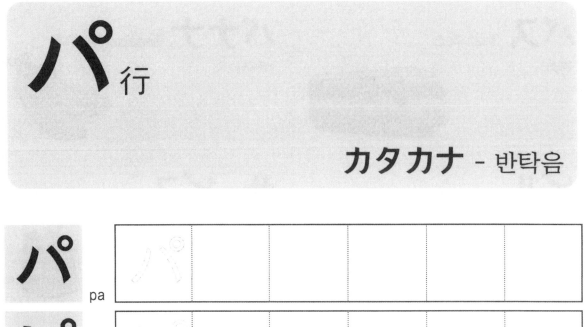

パ pa					
パ pi					
プ pu					
ペ pe					
ポ po					

パ행 パピプペポ는 영어의 p에 해당하고 우리말로는 [ㅍ]보다 센 발음인
[빠][삐][뿌][뻬][뽀]로 소리냅니다.

アパート
[아빠-또]
(apartment) 아파트

パスポート
[파스뽀-또]
(passport) 여권

ピアノ
[피아노]
(piano) 피아노

コンピューター
[콤쀼-따-]
(computer) 컴퓨터

スプーン (spoon) 스푼
[스푼-]

タイプ (type) 타입, 유형
[타이푸]

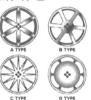

ペン (pen) 펜
[펜]

ページ (page) 페이지
[페-지]

ポケット (pocket) 주머니
[포켓또]

ポイント (point) 포인트
[포인또]

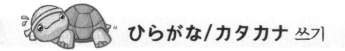

ひらがな/カタカナ

| あ ア | い イ | う ウ | え エ | お オ |

| か カ | き キ | く ク | け ケ | こ コ |

| さ サ | し シ | す ス | せ セ | そ ソ |

92

ひらがなと カタカナ의 오십음을 비교하면서 외우고 쓰세요.
소리를 내며 읽으면서 쓰면 더 도움이 될 것입니다.

た	タ	ち	チ	つ	ツ	て	テ	と	ト

な	ナ	に	ニ	ぬ	ヌ	ね	ネ	の	ノ

は	ハ	ひ	ヒ	ふ	フ	へ	ヘ	ほ	ホ

ひらがな/カタカナ 쓰기

ひらがな/カタカナ

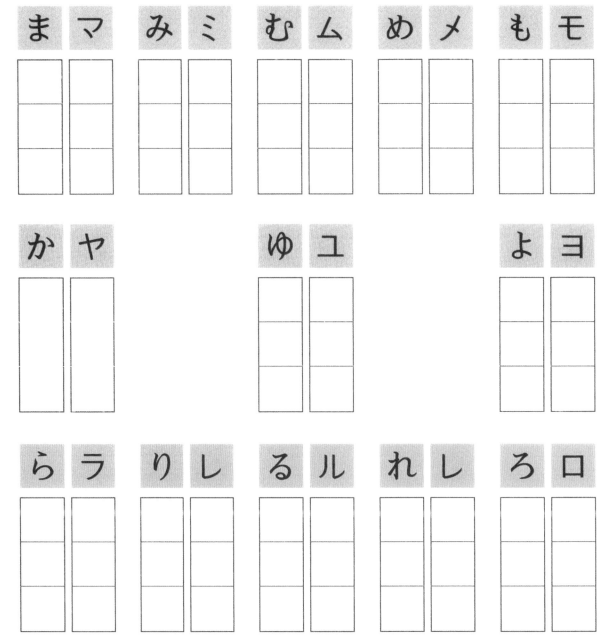

94

カタカナは 안 외워지고 헷갈리는 경우가 많습니다.
ひらがなの 변형된 カタカナを 비교해 보세요.

わ	ワ

を	ヲ

ん	ン

간단 TEST : ひらがなは カタカナ로, カタカナは ひらがな로 바꾸어 보세요.

あい	▶	アメリカ	▶
うた	▶	カメラ	▶
かお	▶	サビス	▶
さくら	▶	テレビ	▶
てんき	▶	ピアノ	▶
いぬ	▶	ホテル	▶
はな	▶	モデル	▶
やま	▶	ゴルフ	▶

일본어 가나(かな)와 발음

1. 일본어 문자의 종류

일본어는 히라가나와 가타카나로 나누어집니다. 이것은 영어의 대소문자가 구별되듯이 쓰임이 다르며 모양도 많이 다르므로 주의해서 익혀야 합니다.

① ひらがな(히라가나)

히라가나는 일본어의 가장 일상적인 문자이면서 필기체와 인쇄체에 모두 사용됩니다.
또 모든 공용 서식에도 쓰이는 기본적인 문자입니다.

② カタカナ(카타카나)

가타카나는 외래어, 외국인명, 지명, 의성어, 의태어, 동식물명 등에 쓰입니다.
이것은 일본어의 특징으로 외래어를 일상 회화에 많이 사용하는 일본어에서 꼭 알아야 하는 기본 문자입니다.

2. 일본어의 발음

① 청음(清音 : せいおん)

일본어에서 탁음·반탁음 부호가 붙지 않은 かな(가나)로 나타내는음, 즉 오십음도를 말합니다. か행(か,き,く,け,こ)과 た행(た,ち,つ,て,と)은 두 번째 소리 이후에 올 때는 발음이 달라지므로 주의해야 합니다.

か행 (か, き, く, け, こ) : 첫소리로 올 때는 [ㅋ]에 가까운 소리지만 두 번째 이후에 올 때는
　　　　　　　　　　　　　[ㄲ]에 가까운 소리를 냅니다.

こえ	[코에]	목소리
き	[키]	나무
こい	[코이]	사랑, 연애
きく	[키꾸]	국화꽃
けしき	[케시끼]	경치
おかあさん	[오까-상]	어머니

た행 (た, ち, つ, て, と) : 첫소리로 올 때는 [ㅌ]에 가까운 소리지만 두 번째 이후에 올 때는
　　　　　　　　　　　　　[ㄸ]에 가까운 소리를 냅니다.

たき	[타끼]	폭포
ちから	[치까라]	힘
てら	[테라]	절, 사찰
ちち	[치찌]	아버지
たてもの(建物)	[타떼모노]	건물

は[하], へ[헤]가 조사로 쓰일 때는 [와]와 [에]로 발음합니다.

② 탁음(濁音 : だくおん)

청음인 [か] [さ] [た] [は]행 글자의 우측상단에 (゛)탁점이 붙어 소리가 달라지는 것입니다.

　　　　　がぎぐげご - が행은 [g], [가, 기, 구, 게, 고]
　　　　　ざじずぜぞ - ざ행은 [z], [자, 지, 주, 제, 조]
　　　　　だぢづでど - だ행은 [d], [다, 지, 주, 데, 도]
　　　　　ばびぶべぼ - ば행은 [b], [바, 비, 부, 베, 보]

③ 반탁음(半濁音 : はんだくおん)

청음인 [は]행 글자의 우측 상단에 반탁점 (˚)이 붙으면서 센 소리가 나는 것입니다.

ぱぴぷぺぽ - [p], [빠, 삐, 뿌, 뻬, 뽀]

④ 촉음(促音 : そくおん)

[つ]를 작게 표기한 [っ]는 우리말의 ㄱ, ㅅ 받침처럼 사용하고, 뒤에 오는 글자에 따라 발음에도 영향을 미칩니다.

か행 앞에서 [っ]은 k(ㄱ) : にっき[닉끼] 일기 / さっか[삭까] 작가
さ행 앞에서 [っ]은 s(ㅅ) : ざっし[잣시] 잡지 / きっさてん[킷사뗑] 다방
た행 앞에서 [っ]은 t(ㅌ, ㄷ) : きって[킷떼] 우표 / なっとう[낫또-] 낫또
ぱ행 앞에서 [っ]은 p(ㅍ, ㅂ) : いっぱい[입빠이] 가득, 한잔 / きっぷ[킵뿌] 표

⑤ 발음(撥音 : はつおん)

[ん]은 비음처럼 콧소리로 받침으로 사용합니다. 이어지는 글자에 따라 발음에도 영향을 미칩니다.

さざただなら행 앞에서 [ん]은 [ㄴ] 받침 : おんな[온나] 여자 / うんどう[운도-] 운동
あはかがわや행 앞에서 [ん]은 [ㅇ] 받침 : でんわ[뎅와] 전화 / でんき[뎅끼] 전기
まばぱ행 앞에서 [ん]은 [ㅁ] 받침 : しんぶん[심붕] 신문 / あんま[암마] 안마
단어 끝에서 [ん]은 [ㄴ]과 [ㅇ]의 중간 : ほん[혼, 홍] 책 / まんいん[망잉, 만잉] 만원

⑥ 요음(拗音 : ようおん)

요음 [やゆよ]는 [い]단 글자 き, し, ち, に, ひ, み, り, ぎ, じ, び, ぴ의 우측 하단에 작게 や ゆ よ로 표기하여 앞의 글자와 합쳐져서 한 소리로 발음합니다.

ひゃく [햐꾸] 백, 100 / やきゅう [야큐-] 야구 / きょう [쿄-] 오늘

⑦ 장음(長音 : ちょうおん)

길게 발음하는 것으로, 히라가나에서는 모음으로 표기하고, 가타카나에서는 [-]로 표기합니다.

あ단 뒤에 [あ]는 장음으로 발음 　おかあさん[오까-상] 어머니

おばあさん[오바-상] 할머니

い단 뒤에 [い]는 장음으로 발음 　おにいさん[오니-상] 형님

いいえ[이-에] 아니오

う단 뒤에 [う]는 장음으로 발음 　ふうふ[후-후] 부부 / ゆうびん[유-빙] 우편

え단 뒤에 [え][い]는 장음으로 발음 　おねえさん[오네-상] 누나, 언니

せんせい[센세-] 선생님

お단 뒤에 [お][う]는 장음으로 발음 　おとうさん[오또-상] 아버지

こおり[코-리] 얼음

3. 일본어 입력

컴퓨터가 일반화된 요즘 일본어 입력하는 방법을 알면 공부하는 데 많은 도움이 될 것입니다. 히라가나와 가타카나의 모든 발음은 あ는 a, い는 i, う는 u, え는 e, お는 o… 등 영문으로 정해진 표기가 있습니다. 일본어를 입력할 때는 이 영문표기를 입력하는 것입니다.

먼저 컴퓨터 하단 작업표시줄에서 일본어를 선택한 다음 あ는 a로, か는 ka로 누르면 해당하는 일본어가 입력됩니다. 일반적으로는 히라가나가 입력되는데, 가타카나로 입력하려면 작업표시줄에서 선택할 수 있습니다. 입력방법은 히라가나와 똑같습니다.

요음은 앞의 글자와 같이 발음되는 영문을 그대로 입력합니다.

예를 들어 きゃ의 경우, き와 や를 따로 입력하는 것이 아니라, 요음을 붙여 읽은 발음 그대로 kya를 입력합니다.

단, を는 wo, ん는 nn(n을 두 번)으로 입력하고,

っ와 같은 촉음은 xtu로 입력합니다.

chapter 03

생활단어 배우기

생활단어는 주제별 단어라 하여 크게 12가지로 분류를 하였습니다. 앞선 chapter에서 ひらがな와 カタカナ의 순서대로 대표적인 단어들을 배웠다면, 이번에는 우리 일상에서 많이 쓰이는 단어들을 그림으로 모았습니다. 일본어 단어는 우리가 모르는 사이에 일상생활에서 많이 쓰이고 있습니다. 또 일본식 한자음을 이용하는 것도 낯설지 않을 것입니다.

언어는 반복과 암기가 중요합니다. 어린이가 처음 한글을 배울 때처럼 사물에 낱말카드를 써 놓듯이 그림과 연상하면서 하나하나 단어를 익혀 보세요. 또한 어순이 같은 일본어는 단어를 얼만큼 아느냐에 따라 그 실력이 확연히 달라집니다.

かぞく（家族）- 가족

おとうさん

むすこ

おばあさん

おじいさん

むすめ

가 족 : (家族) かぞく [카조꾸]	할아버지 : おじいさん [오지-상]
아버지 : おとうさん [오또-상]	할머니 : おばあさん [오바-상]
(父) ちち [치찌]	형제 : (兄弟) きょうだい [쿄-다이]
어머니 : おかあさん [오까-상]	자매 : (姉妹) しまい [시마이]
(母) はは [하하]	아내 : (妻) つま [츠마]
부 부 : (夫婦) ふうふ [후-후]	남편 : (夫) おっと [옷또]

친척 : (親戚) しんせき [신세끼]	남동생 : (弟) おとうと [오또-또]
형(오빠) : (兄) あに [아니]	고모(숙모, 이모) : おばさん [오바상]
누나(언니) : (姉) あね [아네]	삼촌(고모부, 이모부) : おじさん [오지상]
아들 : (息子) むすこ [무스꼬]	사촌 총칭 : いとこ [이또꼬]
딸 : (娘) むすめ [무스메]	남자 조카 : おい [오이]
여동생 : (妹) いもうと [이모-또]	여자 조카 : めい [메이]

ひと（人）- 사람

こいびと

こども

ともだち

남자 : (男子) だんし [단시]
　　　(男) おとこ [오또꼬]
　　　(男性) だんせい [단세-]
여자 : (女子) じょし [죠시]
　　　(女) おんな [온나]
　　　(女性) じょせい [죠세-]

사람 : (人) ひと [히또]
연인 : (恋人) こいびと [코이비또]
친구 : (友達) ともだち [도모다찌]
이웃 : となり [토나리]
아기 : あかちゃん [아까쨩]
꼬마 : ちびっこ [치빅꼬]

となり

おんな

おとこ

あかちゃん

어린아이 : こども [코도모]

~님 : さま [사마]

공주 : (姫) ひめ [히메]

왕자 : (王子) おうじ [오-지]

본인 : (本人) ほんにん [혼닝]

여러분 : みなさん [미나상]

신랑 : (新郎) しんろう [신로-]

신부 : (新婦) しんぷ [심뿌]

이름 : (名前) なまえ [나마에]

나이 : (年) とし [토시]

생일 : (誕生日) たんじょうび [탄죠-비]

からだ(体) – 몸, 신체

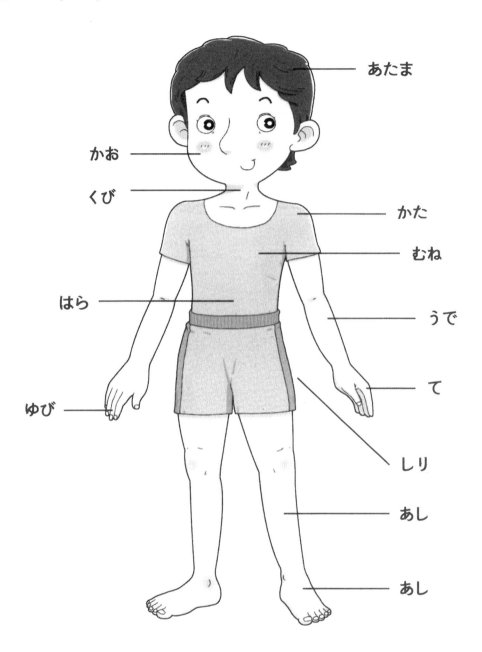

あたま

かお

くび

かた

むね

はら

うで

て

ゆび

しり

あし

あし

얼굴 : (顔) かお [카오]

머리 : (頭) あたま [아타마]

머리카락 : (髪) かみのけ [카미노케]

이마 : (額) ひたい [히타이]

눈 : (目) め [메]

코 : (鼻) はな [하나]

입 : (口) くち [쿠찌]

입술 : (唇) くちびる [쿠찌비루]

귀 : (耳) みみ [미미]

몸 : (体) からだ [카라다]

목 : (首) くび [쿠비]

어깨 : (肩) かた [카타]

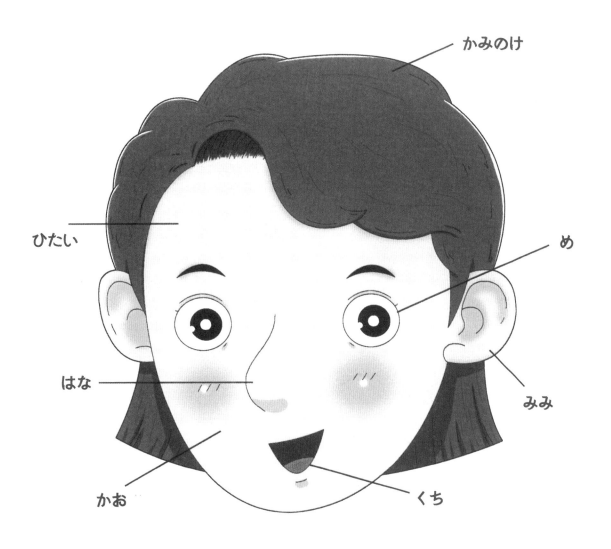

かみのけ

ひたい

め

はな

みみ

かお

くち

가슴 : (胸) むね [무네]   허리 : (腰) こし [코시]

등 : (背中) せなか [세나까]   엉덩이 : (尻) しり [시리]

배 : (腹) はら [하라]   허벅지 : ふともも [후또모모]

팔 : (腕) うで [우데]   무릎 : (膝) ひざ [히자]

손 : (手) て [테]   발, 다리 : (足) あし [아시]

손가락 : (指) ゆび [유비]   발가락 : (足の指) あしのゆび [아시노유비]

しぜん(自然) - 자연

ひ

そら

にじ

らい

あめ

はな

うみ

해 : (日) ひ [히]

달 : (月) つき [츠키]

별 : (星) ほし [호시]

하늘 : (空) そら [소라]

땅 : (土) つち [츠치]

산 : (山) やま [야마]

바다 : (海) うみ [우미]

강 : (川) かわ [카와]

호수 : (湖) みずうみ [미즈우미]

나무 : (木) き [키]

꽃 : (花) はな [하나]

구름 : (雲) くも [쿠모]

くも

ほし

つき

やま

ゆき

き

かぜ

みずうみ

かわ

つち

비 : (雨) あめ [아메]
눈 : (雪) ゆき [유키]
바람 : (風) かぜ [카제]
무지개 : (虹) にじ [니지]
천둥 : (雷) らい [라이]
번개 : (稲妻) いなずま [이나즈마]

소나기 : (夕立) ゆうだち [유-다찌]
맑음 : (晴) はれ [하레]
흐림 : (曇り) くもり [쿠모리]
날씨 : (天氣) てんき [텡끼]
안개 : (霧) きり [키리]
이슬 : (露) つゆ [쯔유]

どうぶつ(動物) - 동물

とら

らくだ

ライオン

やぎ

りす

かえる

かめ

わに

かば

きつね

동물 : どうぶつ [도-부쯔]	말 : (馬) うま [우마]	사슴 : (鹿) しか [시카]
개 : (犬) いぬ [이누]	호랑이 : (虎) とら [토라]	토끼 : (兎) うさぎ [우사기]
고양이 : (猫) ねこ [네꼬]	사자 : ライオン [라이옹]	낙타 : らくだ [라쿠다]
쥐 : (鼠) ねずみ [네즈미]	곰 : (熊) くま [쿠마]	하마 : (河馬) かば [카바]
소 : (牛) うし [우시]	코끼리 : (象) ぞう [조우]	양 : (羊) ひつじ [히쯔지]
돼지 : (豚) ぶた [부타]	여우 : (狐) きつね [키쯔네]	염소 : (山羊) やぎ [야기]

からす

くま

ねずみ

うま

ねこ

いぬ

ぶた

ぞう

あひる

うし

にわとり

うさぎ

ひよこ

다람쥐 : (栗鼠) りす [리스]	독수리 : わし [와시]	닭 : にわとり [니와토리]
뱀 : (蛇) へび [헤비]	제비 : (燕) つばめ [쯔바메]	병아리 : ひよこ [히요꼬]
악어 : (鰐) わに [와니]	참새 : (雀) すずめ [스즈메]	나비 : ちょう [쵸-]
거북 : (亀) かめ [카메]	까마귀 : (烏) からす [카라스]	벌 : はち [하치]
개구리 : (蛙) かえる [카에루]	타조 : だちょう [다쵸-]	개미 : あり [아리]
새 : (鳥) とり [토리]	오리 : あひる [아히루]	

やさい(野菜) - 채소

トマト

いちご

かき

もも

きのこ

みかん

なし

りんご

すいか

채소: (野菜) やさい [야사이]	당근: にんじん [닌징]
배추: (白菜) はくさい [하꾸사이]	오이: きゅうり [큐-리]
무: (大根) だいこん [다이꽁]	고추냉이: わさび [와사비]
양파: (玉ねぎ) たまねぎ [타마네기]	감자: じゃがいも [자가이모]
파: ねぎ [네기]	고구마: さつまいも [사쯔마이모]
고추: とうがらし [토-가라시]	양배추: キャベツ [캬베쯔]

버섯 : (茸) きのこ [키노코]

사과 : りんご [링고]

배 : (梨) なし [나시]

복숭아 : もも [모모]

딸기 : いちご [이찌고]

귤 : みかん [미깡]

수박 : すいか [스이까]

포도 : ぶどう [부도-]

감 : かき [카끼]

밤 : (栗) くり [쿠리]

매실 : (梅) うめ [우메]

こうつう(交通)- 교통

ひこうき

きしゃ

バス

ふね

ふね

みなと

교통 : (交通) こうつう [코-쯔-]

기차 : (汽車) きしゃ [키샤]

버스 : バス [바스]

배 : (船) ふね [후네]

비행기 : (飛行機) ひこうき [히코-키]

트럭 : トラック [토랏쿠]

택시 : タクシ- [타쿠시-]

오토바이 : バイク [바이쿠]

차 : (車) くるま [쿠루마]

정류장 : (停留場) ていりゅうじょ [테 류죠]

버스정류장 : (バス停) バスてい [바스테-]

역 : (駅) えき [에키]

でんしゃ

ヘリコプター

バイク

くるま

トラック

ちかてつ

じてんしゃ

バスてい

タクシー

항구 : (港) みなと [미나토]

공항 : (空港) くうこう [쿠-코-]

지하철 : (地下鉄) ちかてつ [찌카테쯔]

열차 : (列車) れっしゃ [렛샤]

전철 : (電車) でんしゃ [덴샤]

자전거 : (自転車) じてんしゃ [지텐샤]

자동차 : (自動車) じどうしゃ [지도-샤]

비행기 : (飛行機) ひこうき [히코-끼]

헬리콥터 : ヘリコプター [헤리코뿌타-]

스포츠카 : スポーツカー [스뽀-츠카-]

たべもの(食べ物) - 음식

コーヒー

しゃぶしゃぶ

すいとん

キムチ

さしみ

サラダ

ラーメン

음식 : (飲食) いんしょく [인쇼쿠]	된장국 : (味汁) みそしる [미소시루]
요리 : (料理) りょうり [료-리]	우동 : うどん [우동]
회(생선회) : さしみ [사시미]	메밀국수 : そば [소바]
초밥 : すし [스시]	단무지 : たくあん [타쿠앙]
튀김 : てんぷら [텐뿌라]	어묵 : おでん [오뎅]
소고기덮밥 : ぎゅうどん [규-동]	돈가스 : トンカツ [통카츠]

ごはん

どんぶり

トンカツ

おでん

もち

たくあん

そば

ぎゅうどん

てんぷら

みそしる

すし

やきまんじゅう

덮밥 : どんぶり [돔부리]

라면 : ラーメン [라-멘]

군만두 : やきまんじゅう [야끼만쥬-]

수제비 : すいとん [스이똥]

샐러드 : **サラダ** [사라다]

밥 : ごはん [고항]

떡 : もち [모찌]

샤부샤부 : しやぶしやぶ [샤부샤부]

물 : (水) みず [미즈]

술 : (酒) さけ [사케]

김치 : **キムチ** [키무치]

커피 : **コーヒー** [코-히-]

117

スポーツ(sports) - 스포츠

やきゅう　　　　　サッカー　　　　　テニス

バドミントン　　　　ゴルフ　　　　　ボーリング

ピンポン　　　　　スキー　　　　　スケート

ス포츠 : **スポーツ**- [스뽀-쯔]　　　テ니스 : **テニス** [테니스]

체육 : **(體育) たいいく** [타이이쿠]　　배드민턴 : **バドミントン** [바도민톤]

야구 : **(野球) やきゅう** [야큐-]　　골프 : **ゴルフ** [고루후]

축구 : **サッカー** [삿카-]　　볼링 : **ボーリング** [보-링구]

농구 : **バスケットボール** [바스켓또 보-루]　　탁구 : **ピンポン** [핑퐁]

배구 : **バレーボール** [바레-보-루]　　스키 : **スキー** [스키-]

118

バスケットボール

バレーボール

ボクシング

アイスホッケー

じゅうどう

たいそう

フェンシング

レスリング

すいえい

스케이트 : **スケート** [스케-또]

아이스하키 : **アイスホッケー** [아이스훗케-]

마라톤 : **マラソン** [마라손]

복싱, 권투 : **ボクシング** [보꾸싱구]

레슬링 : **レスリング** [레스링구]

유도 : (柔道) **じゅうどう** [쥬-도-]

검도 : (劍道) **けんどう** [켄도-]

펜싱 : **フェンシング** [펜싱구]

체조 : (體操) **たいそう** [타이소-]

수영 : (水泳) **すいえい** [스이에-]

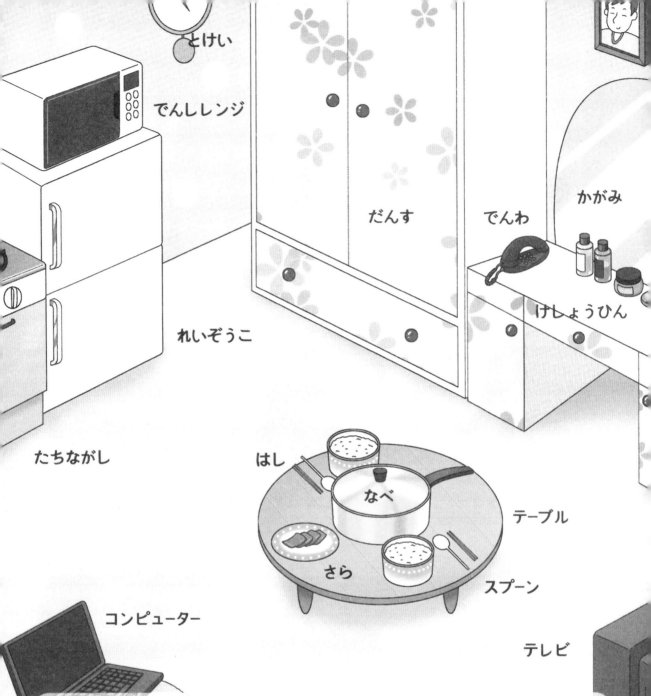

とけい

でんしレンジ

だんす

でんわ

かがみ

れいぞうこ

けしょうひん

たちながし

はし

なべ

テーブル

さら

スプーン

コンピューター

テレビ

침대 : ベッド [벳도]

배개 : (枕) まくら [마쿠라]

화장대 : (化粧台) けしょうだい [케쇼-다이]

거울 : (鏡) かがみ [카가미]

벽시계 : (柱時計) はしらどけい [와시라도케-]

시계 : (時計) とけい [토케-]

옷장 : だんす [단스]

손목시계 : (腕時計) うでどけい [우데도케-]

화장품 : (化粧品) けしょうひん [케쇼-힌]

화분 : (植木鉢) うえきばち [우에키바찌]

탁자 : テーブル [테-부루]

액자 : (額) がく [가쿠]

텔레비젼 : テレビ [테레비]

전화 : (電話) でんわ [뎅와]

컴퓨터 : コンピュータ- [콤퓨-타-]

욕조 : バス [바스]

いえ(家) -집

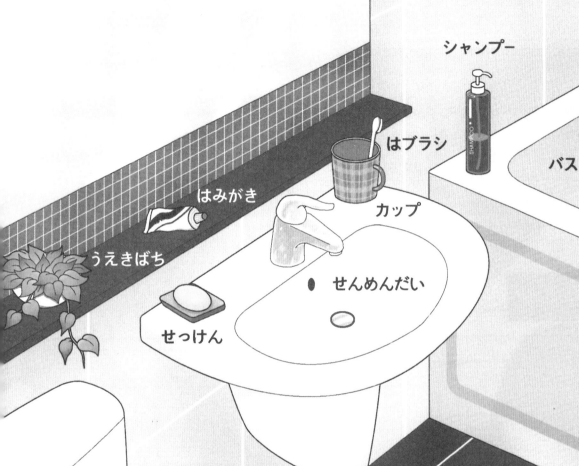

かがみ

シャンプー

はブラシ

はみがき

うえきばち

バス

カップ

せっけん

せんめんだい

세면대 : (洗面台) せんめんだい [센멘다이]

비누 : せっけん [셋켄]

칫솔 : はブラシ [하부라시]

치약 : はみがき [하미가키]

샴푸 : シャンプー [샴푸-]

수건 : タオル [타오루]

냉장고 : れいぞうこ [레-조-코]

가스레인지 : ガスレンジ [가스렌지]

전자레인지 : (電子) でんしレンジ [덴시렌지]

싱크대 : (立ち流し) たちながし [타찌나가시]

컵 : カップ [캅뿌]

그릇 : (器) うつわ [우쯔와]

접시 : (皿) さら [사라]

냄비 : (鍋) なべ [나베]

숟가락 : スプーン [스푸운]

젓가락 : (箸) はし [하시]

いろ(色) -색깔

みどり

いぬこや

あお

むらさき

색 : (色) いろ [이로]	흰색 : (白) しろ [시로]
금색, 금빛 : (金色) きんいろ [킹이로]	검은색 : (黑) くろ [쿠로]
은색, 은빛 : (銀色) ぎんいろ [깅이로]	노란색 : (黃色) きいろ [키이로]
빨간색, 빨강 : (赤) あか [아카]	분홍색 : ピンク [핑쿠]
파란색, 파랑 : (青) あお [아오]	오렌지색 : オレンジ いろ [오렌지이로]

きいろ

しろ

がら

くろ

あか

チェック

オレンジ

회색 : (灰色) はいいろ [하이이로]	녹색 : (綠) みどり [미도리]
베이지 : ベージュ [베-쥬]	주황색 : (橙色) だいだいいろ [다이다이이로]
코발트색 : コバルトい [코바루토 이로]	감색 : (紺色) こんいろ [콘이로]
갈색 : (茶色) ちゃいろ [챠이로]	무늬 : (柄) がら [가라]
보라 : (紫) むらさき [무라사키]	체크 : チェック [쳉쿠]

いふく(衣服) -옷

シャツ

したぎ

ワイシャツ

セーター

양복 : (洋服) ようふく [요-후꾸]

옷 : (着物) きもの [키모노] (일본 전통 의상)

코트 : コート [코-또]

외투 : オーバー [오-바-]

원피스 : ワンピース [완피-스]

투피스 : ツーピース [츠-피-스]

상의, 윗옷 : (上着) うわぎ [우와기]

신사복 : スーツ [스-츠]

와이셔츠 : ワイシャツ [와이샤쯔]

넥타이 : ネクタイ [네꾸타이]

셔츠 : シャツ [샤쯔]

자켓 : ジャケット [쟈켓또]

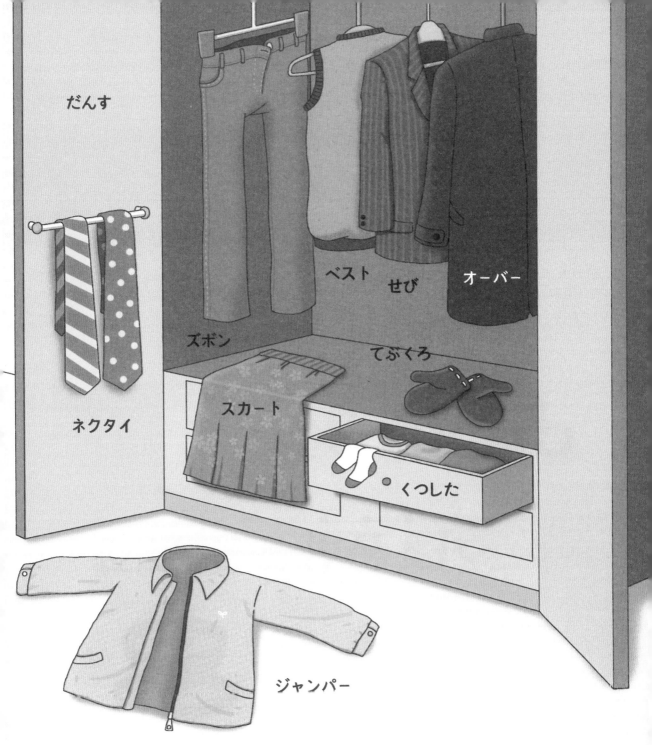

だんす

ネクタイ

ズボン

ベスト せび オーバー

てぶくろ

スカート

くつした

ジャンパー

점퍼 : ジャンパー [잠파-]

스웨터 : セーター [세-타-]

블라우스 : ブラウス [부라우스]

조끼 : ベスト [베스또]

바지 : ズボン [즈봉]

치마, 스커트 : スカート [스카-또]

속옷 : (下着) したぎ [시타기]

장갑 : (手袋) てぶくろ [테부쿠로]

양말 : (靴下) くつした [쿠쯔시타]

옷장 : だんす [탄스]

모델 : モデル [모데루]

125

chapter 04

기초문법 과 일상회화

일본어는 앞에서 여러 번 언급했던 것처럼 어순이 우리말과 같기 때문에 비교적 배우기 쉬운 언어라고 합니다. 하지만 일본어를 공부하는 사람들 대부분은 배울수록 더 어려워진다고 말합니다. 그것은 단어의 어미활용이 많은 탓이 첫 번째 이유입니다만, 몇 가지의 규칙을 알게 되면 아주 다양하고 쉽게 활용할 수 있는 것이 일본어이기도 합니다.

　　우리말의 '하다' 가 '합니다', '했습니다', '할 것입니다', '하지 않았습니다' 와 같이 어미가 변화하는 원리를 아는 것이 가장 중요합니다. 여기서는 일상생활에서 많이 쓰이는 회화를 중심으로 기초적인 문법을 정리하였습니다. 이 책에 있는 것이 일본어 문법의 전부는 아니지만, 아주 기본적이고 필수적인 내용을 담으려고 노력했습니다. 하나 하나 서두르지 말고 확실하게 익혀 일본어의 기초를 탄탄히 다지세요.

おはようございます。

안녕하세요?

▶ **おはようございます。**　　　　　　　안녕하세요? (아침 인사)
　[오하요-고자이마스]

▷ **こんにちは。**　　　　　　　　　　　안녕하세요? (점심 인사)
　[콘니찌와]

▶ **こんばんは。**　　　　　　　　　　　안녕하세요? (저녁 인사)
　[콘방와]

※ 일본어도 영어와 같이 아침, 점심, 저녁에 나누는 인사가 다릅니다.

はじめまして。

처음 뵙겠습니다.

▶ **はじめまして。**
　　[하지메마시떼]

처음 뵙겠습니다.

▷ **わたしは 金と もうします。**
　　[와따시와 김또 모-시마스]

저는 김이라고 합니다.

▶ **どうぞ よろしく おねがいします。** 잘 부탁합니다.
　　[도-죠 요로시쿠 오네가이시마스]

▷ **こちらこそ。**
　　[코찌라꼬소]

저야말로.

いただきます。

잘 먹겠습니다.

▶ **どうぞ めしあがって ください。**   어서 드세요.
　[도-죠 메시아갓떼 쿠다사이]

▷ **いただきます。**   잘 먹겠습니다.
　[이따다끼마스]

▶ **おいしいです。**   맛있습니다.
　[오이시-데스]

▷ **ごちそうさまでした。**   잘 먹었습니다.
　[고찌소-사마데시따]

すみません。

미안합니다.

▶ **ちょっと まって ください。**   조금 기다려 주세요.
　 [춋또 맛떼 쿠다사이]

▷ **どうも すみません。**   대단히 미안합니다.
　 [도-모 스미마셍]

▶ **しつれいしました。**   실례했습니다.
　 [시쯔레-시마시따]

▷ **いいえ, どういたしまして。**   아니오, 천만에요.
　 [이-에, 도-이따시마시떼]

01

これは ほんです。

이것은 책입니다.

これは ほんです。

[코레와 혼데스]

이것은 책입니다.

それは いすです。

[소레와 이스데스]

그것은 의자입니다.

あれは いしです。

[아레와 이시데스]

저것은 돌입니다.

1. ~は ~です。 (~은 ~입니다) - 기본형

これは ほんです。　　　　　　　　이것은 책입니다.

それは いすです。　　　　　　　　그것은 의자입니다.

あれは いしです。　　　　　　　　저것은 돌입니다.

일본어의 가장 기본적인 구조는 ~は ~です입니다.

즉, '~은 ~입니다' 라는 뜻입니다.

지시대명사인 これ, それ, あれ 다음에 は를 쓰고 필요한 명사를 붙인 다음 です를 붙여 쉽게 문장을 만들 수 있습니다.

これ		ほん		이것은 책입니다.	
それ	+ は	いす	+ です。	그것은 의자입니다.	
あれ		いし		저것은 돌입니다.	

여기에서 사용된 'は' 의 원래 발음은 [하]이지만 문장 속에서 '~은' 이라는 의미로 쓰일 때, 즉 조사로 쓰일 때는 반드시 [와]로 발음합니다.

▶ 지시대명사

사물	これ(이것)	それ(그것)	あれ(저것)	どれ(어느 것)
장소	ここ(이곳)	そこ(그곳)	あそこ(저곳)	どこ(어느 곳)
방향	こちら(이쪽)	そちら(그쪽)	あちら(저쪽)	どちら(어느 쪽)
연체사	この(이)	その(그)	あの(저)	どの(어느)

지시대명사에는 사물, 장소, 방향을 가리키는 것이 있습니다. 이 세 대명사는 ' こ, そ, あ, ど : 이, 그, 저, 어느'라는 머리글자에 공통성을 가지고 있습니다.

02

これは　なんですか。

이것은 무엇입니까?

これは　なんですか。

[코레와 난데스까]

이것은 무엇입니까?

やまださんは　がくせいですか。

[야마다상와 각세-데스까]

야마다 씨는 학생입니까?

ここは　どこですか。

[코코와 도코데스까]

이곳은 어디입니까?

~は ~なんですか (~은 무엇입니까?) - 의문형

これは　なんですか。	이것은 무엇입니까?
それは　なんですか。	그것은 무엇입니까?
あれは　なんですか。	저것은 무엇입니까?

기본형의 '~は ~です.' (~은 ~입니다) 뒤에 'か' 가 붙어서 '~은 입니까?' 라는 뜻의 의문문이 됩니다.

일본어에서는 따로 물음표를 사용하지 않는데 이것은 문장 끝에 'か' 가 붙는 것만으로 의문문을 나타내기 때문입니다.

여기에서 '何(なん)' 은 '무엇' 이라는 뜻으로 읽을 때는 경우에 따라 [난] 또는 [나니]로 읽습니다. '何' 바로 뒤에 'ㅌ, ㄷ, ㄴ' 의 발음이 이어서 오거나 혹은 '몇' 으로 해석될 때는 'なん[난]' 으로 읽습니다.

어순이 우리말과 같은 일본어는 기본적인 형태로 여러 가지 문장을 응용할 수 있습니다.

これ		何(なん)		이것은 무엇입니까?
それ	+ は	かびん	+ ですか。	그것은 꽃병입니까?
ここ		どこ		이곳은 어디입니까?

위 문장의 구조를 잘 살핀 후 단어를 바꾸어 연습해 보세요.

これは　何(なん)ですか。	이것은 무엇입니까?
これは　本(ほん)です。	이것은 책입니다.

それは　かびんですか。	그것은 꽃병입니까?
それは　かびんです。	그것은 꽃병입니다.

135

あれは えんぴつですか。	저것은 연필입니까?
あれは えんぴつです。	저것은 연필입니다.

지시대명사 외에도 명사를 붙이거나 사람이름 등을 붙일 수도 있습니다.

どれが たけですか。	어느 것이 대나무입니까?
これが たけです。	이것이 대나무입니다.

えんぴつは どれですか。	연필은 어느 것입니까?
えんぴつは これです。	연필은 이것입니다.

やまださんは がくせいですか。	야마다 씨는 학생입니까?

 새로운 단어

は [와] 은, 이	こちら [코찌라] 이쪽	石(いし) [이시] 돌
これ [코레] 이것	そちら [소찌라] 그쪽	何(なん) [난] 무엇
それ [소레] 그것	あちら [아찌라] 저쪽	本(ほん) [혼] 책
あれ [아레] 저것	どちら [도찌라] 어느 쪽	花瓶(かびん) [카빙] 꽃병
どれ [도레] 어느 것	この [코노] 이	鉛筆(えんぴつ) [엠삐쯔]
ここ [코코] 이곳	その [소노] 그	연필
そこ [소코] 그곳	あの [아노] 저	竹(たけ) [타케] 대나무
あそこ [아소코] 저곳	どの [도노] 어느	
どこ [도코] 어느 곳	椅子(いす) [이스] 의자	

1-1. 그림을 보고 <보기>와 같이 질문에 답하세요.

〈보기〉

これは なんですか。
▶ これは さくらです。

① これは なんですか。

② これは なんですか。

③ それは なんですか。

④ それは なんですか。

⑤ あれは なんですか。

⑥ あれは なんですか。

03

はい / いいえ

예 / 아니오

これは かさですか。

[코레와 카싸데스까]

이것은 우산입니까?

はい, そうです。

[하이, 소-데스]

네, 그렇습니다.

いいえ, かびんです。

[이-에, 카빙데스]

아니오, 꽃병입니다.

はい / いいえ 예 / 아니오 - 긍정과 부정

これは かさですか。

はい, そうです。

いいえ, かびんです。

이것은 우산입니까?

예, 그렇습니다.

아니오, 꽃병입니다.

긍정의 대답은 はい, 부정의 대답은 いいえ입니다.

우리말과 어순이 같으니 단어로 문장을 구별해 봅시다.

この ひと	は	がくせい	ですか。
그 사람	은	학생	입니까?
はい	,	そう	です。
네,		그렇	습니다.
いいえ	,	せんせい	です。
아니오		선생님	입니다.

あなたは せんせいですか。

- はい, わたしは せんせいです。

  いいえ, わたしは がくせいです。

당신은 선생입니까?

예, 나는 선생입니다.

아니오, 나는 학생입니다.

 새로운 단어

はい [하이] 네, 예

いいえ [이-에] 아니오

そうです [소-데스] 그렇습니다

貴方(あなた) [아나따] 당신

私 (わたし) [와따시] 나, 저

傘 (かさ) [카사] 우산

学生 (がくせい) [각세-] 학생

先生(せんせい) [센세-] 선생님

これは ほんでは ありません。

이것은 책이 아닙니다.

これは ほんでは ありません。

[코레와 혼데와 아리마셍]

이것은 책이 아닙니다.

それは かばんでは ありません。

[소레와 카방데와 아리마셍]

그것은 가방이 아닙니다.

あれは かさでは ありません。

[아레와 카사데와 아리마셍]

저것은 우산이 아닙니다.

～では ありません。 ~이 아닙니다 - 부정

これは ほんでは ありません。	이것은 책이 아닙니다.
それは かばんでは ありません。	그것은 가방이 아닙니다.
あれは かさでは ありません。	저것은 우산이 아닙니다.

～です(데스)와 ～では ありません(데와 아리마셍)입니다. 둘 다 정중한 표현으로 です는 체언이나 형용사 및 형용동사 등 여러 말에 접속되지만 동사에는 붙지 않습니다. です의 부정형은 ～では ありません。(~이 아닙니다)입니다.

あなたは がくせいですか。	당신은 학생입니까?
はい, わたしは がくせいです。	예. 나는 학생입니다.
いいえ, わたしは がくせいでは ありません。	아니오. 나는 학생이 아닙니다.
あれは ほんばこですか。	저것은 책장입니까?
いいえ, あれは ほんばこでは ありません。	아니오, 저것은 책장이 아닙니다.
それでは あれは なんですか。	그러면 저것은 무엇입니까?
あれは たんすです。	저것은 장롱입니다.

 **새로운 단어**

です [데스] ~입니다.	かばん (鞄) [카방] 가방
ですか [데스까] 입니까?	たんす [탄스] 옷장, 장롱
では ありません [데와 아리마셍]	それでは [소레데와] 그러면
～이 아닙니다.	ほんばこ [홈바꼬] 책장

TEST – 2

2-1. <보기>와 같이 다음 그림에 맞게 질문에 답하세요.

〈보기〉

これは ほんですか。

▶ いいえ, これは ほんでは ありません。
これは さくらです。

つくえ

① これは いすですか。

▶

いえ

② それは へやですか。

▶

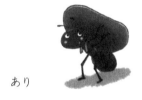
あり

③ あれは はなですか。

▶

さかな

④ これは やまですか。

▶

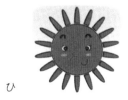
ひ

⑤ あれは つきですか。

▶

TEST-2

2-2. 다음 문장을 의문문으로 바꾸어 쓰세요.

① これは でんわです。　　　　　　　이것은 전화입니다.

　▶

② それは ねこです。　　　　　　　　저것은 고양이입니다.

　▶

③ あなたは がくせいです。　　　　　당신은 학생입니다.

　▶

④ あの ひとは せんせいです。　　　저 사람은 선생님입니다.

　▶

2-3. 다음 문장을 부정문으로 바꾸어 쓰세요.

① これは かさです。　　　　　　　　이것은 우산입니다.

　▶

② それは えんぴつです。　　　　　　저것은 연필입니다.

　▶

③ わたしは がくせいです。　　　　　나는 학생입니다.

　▶

④ その ひとは せんせいです。　　　그 사람은 선생님입니다.

　▶

05

わたしのです。

나의 것입니다.

これは わたしのです。

[코레와 와타시노데스]

이것은 나의 것입니다.

わたしは がくせいです。

[와타시와 각세-데스]

나는 학생입니다.

はなが うつくしいです。

[하나가 우쯔쿠시-데스]

꽃이 아름답습니다.

ごはんを たべます。

[고항오 타베마스]

밥을 먹습니다.

さくらも はなです。

[사쿠라모 하나데스]

벗꽃도 꽃입니다.

 새로운 단어

~は [~와] ~은/는
~が [~가] ~이/가
~を [~오] ~을/를
~の [~노] ~의
~も [~모] ~도
きょう [쿄-] 오늘
いえ [이에] 집
にわ [니와] 뜰

てんき [텡키] 날씨
かんこく (韓国) [캉코쿠] 한국
おんがく (音楽) [옹가쿠] 음악
はな(花) [하나] 꽃
うつくしい (美しい) [우쯔꾸시이] 아름답다
あさごはん [아사고항] 아침밥
たべる (食べる) [타베루] 먹다
さくら [사쿠라] 벗꽃

145

わたしのです。　나의 것입니다. - 조사

これは わたしのです。	이것은 나의 것입니다
わたしは がくせいです。	나는 학생입니다.
はなが うつくしいです。	꽃이 아름답습니다.
ごはんを たべます。	밥을 먹습니다.
さくらも はなです。	벚꽃도 꽃입니다.

문장에서 중요하게 쓰이는 조사에 대해서 알아볼까요? 앞서 많은 문장에서 조사를 보았지만 다시 한 번 정리하는 의미에서 보겠습니다. 우리말의 ~은/는, ~도, ~의, ~을/가 등을 생각하면 쉽게 연결할 수 있습니다.

조사의 뜻을 보면서 기본적인 문장을 만들어보겠습니다.

① ~は (~은, ~는)

わたし　は　　がくせいです。	나는 학생입니다.
それ　　は　　ほんです。	그것은 책입니다.

② ~が (~이, ~가)

はな　　が　　うつくしいです。	꽃이 아름답습니다.
ひと　　が　　おおぜい います。	사람이 많이 있습니다.

③ ~を (~을, ~를)

ごはん　を　　たべます。	밥을 먹습니다.
ほん　　を　　よみます。	책을 읽습니다.

④ ~も (~도)

さくら　も　はなです。　　　　　　　　벚꽃도 꽃입니다.

りんご　も　くだものです。　　　　　　사과도 과일입니다.

⑤ の (~의)

일본어를 쓰다 보면 '아노~', '고노~' 하는 'の'를 많이 듣게 됩니다.

の는 소유의 의미인 '~의 것'이나 명사와 명사를 잇는 것으로 '~의'라는 뜻입니다. 해석을 할 때는 따로 '~의'를 쓰지 않기도 하지만 가장 많이 쓰이는 조사입니다.

の는 다양한 용법이 많아서 사실상 어려운 조사이지만, 처음 배울 때는 가장 많이 쓰이는 '~의'로 기억하고 사용하면 편합니다.

あなた　の　ほん。　　　　　　　　당신(의) 책

きょう　の　てんき。　　　　　　　오늘(의) 날씨

かんこく　の　おんがく。　　　　　한국(의) 음악

わたし　の　です。　　　　　　　　내 것입니다

これは せんせい の です。　　　　이것은 선생님의 것입니다.

06

ここに しんぶんが あります。

여기에 신문이 있습니다.

ここに しんぶんが ありますか。

[코코니 심붕가 아리마스까]

여기에 신문이 있습니까?

そこに つくえが あります。

[소코니 쯔쿠에가 아리마스]

거기에 책상이 있습니다.

あそこに くだものが ありません。

[아소코니 쿠다모노가 아리마셍]

저기에 과일이 없습니다.

'ある' 'あります' (있다) - 존재동사

ここに しんぶんが ありますか。	여기에 신문이 있습니까?
ここに しんぶんが あります。	여기에 신문이 있습니다.
ここに しんぶんが ありません。	여기에 신문이 없습니다.

'ある' 'あります'는 '있다' 라는 뜻의 존재동사입니다.

여기서 주의할 점은 ある는 사물인 경우에만 쓰이는 동사입니다. 사람이나 동물, 살아있는 존재를 말할 때는 반드시 いる를 사용하는데 뜻은 마찬가지로 '있다' 입니다. 꼭 구별해서 사용해야 하는 중요 동사로써, 사람한테 ある를 쓰면 크게 실례가 되고, 반대로 사물을 '계십니다' 개념으로 쓰면 우스운 표현이 되어 버립니다.

① あります 있습니다. (존재)

ここに しんぶんが あります。	여기에 신문이 있습니다.
そこに つくえが あります。	거기에 책상이 있습니다.

② ありません 없습니다. (존재하지 않은 상태)

ここに しんぶんが ありません。	여기에 신문이 없습니다.
あそこに くだものが ありません。	저기에 과일이 없습니다.

③ ありますか 있습니까? (의문)

ここに しんぶんが ありますか。	여기에 신문이 있습니까?
ここに なにが ありますか。	여기에 무엇이 있습니까?

▶ ある와 です의 차이 구별

	ある[在る・有る] 있다		ない 없다
あります	~ 있습니다	ありません	~이 없습니다
です(~で あります의 줄임)	~입니다	~では ありません	~이 아닙니다

~では ありません은 부정을 뜻하고,
~ありません은 존재가 없는 것을 뜻합니다.

ここに いすが あります。	여기에 의자가 있습니다.
あそこには はなが ありません。	저기에는 꽃이 없습니다.

この はなは さくらです。	이 꽃은 벚꽃입니다.
この はなは さくらでは ありません。	이 꽃은 벚꽃이 아닙니다.

 새로운 단어

ここに [코코니] 여기에	しんぶん (新聞) [심붕] 신문
ありますか [아리마스까] (사물이)있습니까?	つくえ(机) [츠쿠에] 책상
あります [아리마스] (사물이)있습니다.	いす(椅子) [이스] 의자
ありません [아리마셍] (사물이)없습니다.	くだもの (果物) [쿠다모노] 과일

150

07

だれか いますか。

누군가 있습니까?

きょうしつの なかに だれか いますか。

[쿄-시쯔노 나카니 다레까 이마스까]

교실 안에 누군가 있습니까?

います。

[이마스]

있습니다.

せんせいが います。

[센세-가 이마스]

선생님이 계십니다.

'いる' 'います' (있다) – 존재동사

きょうしつの なかに だれか いますか。	교실 안에 누군가 있습니까?
います。	있습니다.
だれが いますか。	누가 있습니까?
せんせいが います。	선생님이 있습니다.

いる, います는 앞서 설명했듯이 사람이나 동물의 존재동사입니다.

いる의 한자는 '居る'로써 존재한다는 '在る·有る'가 아니고, '살다, 머물다'의 뜻을 가지고 있습니다.

いる의 부정 '없습니다'는 'いません' 입니다.

いる(居る) 있다		いない 없다	
います	있습니다	いません	~없습니다

① います - 있습니다. (존재)

いえの なかに ひとが います。　　　집(의) 안에 사람이 있습니다.
いえの なかに おとうさんが います。　　집(의) 안에 아버지가 계십니다.

② いません - 없습니다. (존재하지 않는 상태)

ここに ねこが いません。　　　여기에 고양이가 없습니다.
あそこに うさぎが いません。　　저기에 토끼가 없습니다.

③ いますか - 있습니까? (의문)

ここに ねこが いますか。	여기에 고양이가 있습니까?
そこに うさぎが いますか。	거기에 토끼가 있습니까?

문장의 구조를 알았으니 좀 더 쉽게 응용해 봅시다.

もんの まえに なにか いますか。	문 앞에 무언가 있습니까?
います。	있습니다.
なにが いますか。	무엇이 있습니까?
いぬが います。	개가 있습니다.
ねこも いますか。	고양이도 있습니까?
ねこは いません。	고양이는 없습니다.

きょうしつの なかに だれか いますか。	교실 안에 누군가 있습니까?
います。	있습니다.
だれが いますか。	누가 있습니까?
せんせいが います。	선생님이 있습니다.
せいとも います。	학생도 있습니다.

 새로운 단어

だれ (誰) [다레] 누구	いえ (家) [이에] 집
きょうしつ (教室) [쿄-시쯔] 교실	ひと (人) [히토] 사람
なか (中) [나카] 안	おとうさん (お父さん) [오토-상] 아버지
いますか [이마스까] 있습니까?	ねこ (猫) [네꼬] 고양이
います [이마스] 있습니다	うさぎ (兎) [우사기] 토끼
いません [이마셍] 없습니다	いぬ (犬) [이누] 개
せんせい (先生) [센세-] 선생님	せい-と (生徒) [세-또] 학생, 생도

TEST-3

3-1. 다음 문장의 (   ) 안에 (は) 또는 (の)를 넣으세요.

① これ (は) わたし (   ) かさです。

② あ (   ) ひと (   ) せんせいですか。

③ あれ (   ) あなた (   ) ほんでは ありません。

④ あなた (   ) ぼうし (   ) どれですか。

3-2. 다음 문장을 <보기>와 같이 유무를 가려 두 가지 문장으로 바꾸어 쓰세요.

〈보기〉 ここに しんぶんが ありますか。

▷ (ここに しんぶんが あります。   )

▶ (ここに しんぶんが ありません。   )

① そこに つくえが ありますか。

▷ (   )

▶ (   )

② あそこに くだものが ありますか。

▷ (   )

▶ (   )

③ へやに はなが ありますか。

▷ (   )

▶ (   )

3-3. 다음 문장을 <보기>와 같이 유무를 가려 두 가지 문장으로 바꾸어 쓰세요.

〈보기〉 ここに ねこが いますか。

▷ (ここに ねこが います。)

▶ (ここに ねこが いません。)

① そこに おとうさんが いますか。

▷ ( )

▶ ( )

② いえの なかに ひとが いますか。

▷ ( )

▶ ( )

3-4. 다음 그림을 보고 그에 맞게 대답하세요.

(こども)

① もんの まえに なにが いますか。

▶ ( )

(いす)

② もんの まえに なにが ありますか。

▶ ( )

(とら)

③ もんの まえに なにが いますか。

▶ ( )

08

どこに ありますか。

어디에 있습니까?

ほんは どこに ありますか。

[홍와 도꼬니 아리마스까]

책은 어디에 있습니까?

ほんは つくえの うえに あります。

[홍와 쯔꾸에노 우에니 아리마스]

책은 책상 위에 있습니다.

かめは はこの なかに います。

[카메와 하꼬노 나까니 이마스]

거북이는 상자 안에 있습니다.

〜に あります。　~에 있습니다 - 위치와 に

ほんは つくえの うえに ありますか。	책은 책상 위에 있습니까?
いいえ, ありません。	아니오, 없습니다.
それでは ほんは どこに ありますか。	그러면 책은 어디에 있습니까?
ほんは いすの うえに あります。	책은 의자 위에 있습니다.

'ある' 'いる'의 연장선에서 장소와 위치를 말하는 조사 'に'를 붙여서 문장을 응용해봅니다. 사물과 움직이는 동물이나 사람의 존재를 확인하고 문장의 위치, 즉 어순도 확인하면서 읽습니다.

▶ **ある** (사물의 경우)

ほんは どこに ありますか。	책은 어디에 있습니까?
ほんは つくえの したに ありません。	책은 책상 아래에 없습니다.
ほんは つくえの うえに あります。	책은 책상 위에 있습니다.
ほんは つくえの まえに あります。	책은 책상 앞에 있습니다.
ほんは つくえの うしろに ありません。	책은 책상 뒤에 없습니다.

▶ **いる** (동물의 경우)

かめは どこに いますか。	거북이는 어디에 있습니까?
かめは はこの みぎに いますか。	거북이는 상자 오른쪽에 있습니까?
かめは はこの ひだりに いますか。	거북이는 상자 왼쪽 있습니까?
かめは はこの そとに いません。	거북이는 상자 밖에 없습니다.
かめは はこの なかに います。	거북이는 상자 안에 있습니다.

もんの まえに だれが いますか。	문 앞에 누가 있습니까?
もんの まえに ともだちが います。	문 앞에 친구가 있습니다.
びょういんは どこに ありますか。	병원은 어디에 있습니까?
びょういんは ぎんこうの ちかくに あります。	병원은 은행 근방에 있습니다.
それでは ぎんこうは どこに ありますか。	그러면 은행은 어디에 있습니까?
ぎんこうは えきの まえに あります。	은행은 역 앞에 있습니다.

문장의 구조를 정리하면 다음과 같습니다.

~は(은) 명사+の(의)	うえ	위			
	した	아래		あります。	있습니다
	なか	안		ありますか。	있습니까?
	そと	밖		ありません。	없습니다.
	まえ	앞	に(에)		
	うしろ	뒤		います。	있습니다
	みぎ	오른쪽		いますか。	있습니까?
	ひだり	왼쪽		いません。	없습니다.
	よこ	옆			

조사 'に'는 주로 체언에 붙어서 장소나 시간을 나타내지만, 도착하는 장소와 결과를 나타내기도 합니다.

 새로운 단어

ほん (本) [혼] 책	ちかく (近く) [치카꾸] 근처, 근방
かめ (亀) [카메] 거북이	ともだち (友達) [토모다찌] 친구, 벗
びょういん (病院) [뵤-잉] 병원	えき (駅) [에키] 역
ぎんこう (銀行) [깅코-] 은행	どこ (何処) [도코] 어디

158

TEST - 4

4-1. 다음 그림을 보고 어디에 있는지, (　　　) 안에 맞는 위치를 쓰세요.

① ねこは どこに いますか。

　▶ ねこは あたまの (　　　)に います。

② ほんは どこに ありますか。

　▶ ほんは はこの (　　　)に あります。

③ ぶたは どこに いますか。

　▶ ぶたは かぐの (　　　)に います。

4-2. 다음 문장에 맞게 (　) 안에서 골라 완성하세요.

① もんの まえに ともだちが (います · あります)。

　▶

② しおは はこの なかに (います · あります)。

　▶

③ かばんは つくえの うえに (います · あります)。

　▶

09

いくつ ありますか。

몇 개 있습니까?

えんぴつは いくつ ありますか?

[엠삐쯔와 이쿠쯔 아리마스까]

연필은 몇 개 있습니까?

りんごが みっつ あります。

[링고가 밋쯔 아리마스]

사과가 세 개 있습니다.

ねこは ごひき います。

[네꼬와 고히끼 이마스]

고양이는 다섯 마리 있습니다.

いくつ ありますか? 몇 개 있습니까? - 숫자와 조수사

いくつ ありますか?	몇 개 있습니까?
えんぴつは いくつ ありますか?	연필은 몇 개 있습니까?
りんごが みっつ あります。	사과가 세 개 있습니다.
ねこは ごひき います。	고양이는 다섯 마리 있습니다.

숫자를 세는 것에는 일반적인 수 외에도 단위를 말하는 조수사가 있습니다. 우리말에서도 개와 마리, 켤레, 권 등에 따라 물건을 세는 단위가 다르듯 일본어도 마찬가지입니다. 활용은 어순이 같은 우리말과 같지만, 여기서 주의할 것은 사람과 동물·사물을 다르게 사용한다는 것입니다.

사물의 '있다'는 'あります', 사람이나 동물은 'います'를 사용해야 합니다.

えんぴつ	は	いくつ	ありますか。
연필	은	몇 개	있습니까?
りんご	は	いくつ	ありますか。
사과	는	몇 개	있습니까?
りんご	は	みっつ	あります。
사과	는	세 개	있습니다.

こども	は	なんにん	いますか。
어린이	는	몇 명	있습니까?
ねこ	は	なんびき	いますか。
고양이	는	몇 마리	있습니까?
ねこ	は	ごひき	います。
고양이	는	다섯 마리	있습니다.

▶ 숫자와 조수사

숫자 (기본)	사물 (개) 일반 사물	사람 (명)	작은동물 (마리) 개, 생선 등	책, 종이 (권, 장)	연필, 나무 (자루, 그루) 가늘고긴물건	새 (마리) 주로 날짐승	물, 음료 (잔, 컵)
1 いち	ひとつ (いっこ)	ひとり	いっぴき	いっさつ	いっぽん	いちわ	いっぱい
2 に	ふたつ (にこ)	ふたり	にひき	にさつ	にほん	にわ	にはい
3 さん	みっつ (さんこ)	さんにん	さんびき	さんさつ	さんぼん	さんば	さんばい
4 よん, し	よっつ (よんこ)	よにん	よんひき	よんさつ	よんほん	よんわ	よんはい
5 ご	いつつ (ごこ)	ごにん	ごひき	ごさつ	ごほん	ごわ	ごはい
6 ろく	むっつ (ろっこ)	ろくにん	ろっぴき	ろくさつ	ろっぽん	ろくわ	ろっぱい
7 しち, なな	ななつ (ななこ)	ななにん	ななひき	ななさつ	ななほん	ななわ	ななはい
8 はち	やっつ (はちこ)	はちにん	はちひき	はちさつ	はちほん	はちは (はっわ)	はちはい
9 く, きゅう	ここのつ (きゅうこ)	きゅうにん	きゅうひき	きゅうさつ	きゅうほん	きゅうわ	きゅうい
10 じゅう	とお (じっこ)	じゅうにん	じっぴき	じっさつ	じっぽん	じ(ゆ)っぱ	じっぱい
무엇, 얼마나 なん	いくつ (なんこ)	なんにん (いくにん)	なんびき	なんさつ	なんぼん	なんば	なんばい
많이 조금	たくさん すこし	おおぜい すこし	たくさん すこし	たくさん すこし	たくさん すこし	たくさん すこし	たくさん すこし

물건을 세는 조수사에서 우리말과 차이가 나는 점은 ひき, ほん, はい의 경우처럼 발음에 따라서 뒤의 발음이 달라지는 것입니다. 또한 동물을 셀 때 쓰이는 단위인 '마리'도 새와 같이 나는 날짐승을 셀 때나 소, 돼지와 같은 동물의 종류에 따라 단위가 달라집니다.

▶ 사물을 셀 때

たまごは　いくつ　ありますか。　　　　　　　　달걀은 몇 개 있습니까?

いち, に, さん, し, ご ろく, しち, はち, きゅう, じゅう。
たまごは　じっこ　あります。
　　　　　　　하나, 둘, 셋, 넷, 다섯, 여섯, 일곱, 여덟, 아홉, 열. 달걀은 열 개 있습니다.

えんぴつは　なんぼん　ありますか。　　　　연필은 몇 자루 있습니까?
えんぴつは　にほん　あります。　　　　　　연필은 두 자루 있습니다.

▶ 사람이나 동물을 셀 때

そこに　こどもが　なんにん　いますか。　　거기에 어린이가 몇 명 있습니까?
ここに　こどもは　ななにん　います。　　　여기에 어린이는 일곱 명 있습니다.

おとこのこは　なんにん　いますか。　　　　남자아이는 몇 명 있습니까?
おとこのこは　さんにん　います。　　　　　남자아이는 세 명 있습니다.
おんなのこは　ふたり　います。　　　　　　여자아이는 두 명 있습니다.

 **새로운 단어**

えんぴつ (鉛筆)[엠뻬쯔] 연필　　　　　　たまご (卵) [타마고] 알, 달걀
りんご (林檎) [링고] 사과　　　　　　　　おとこのこ (男の子) [오토코노코] 남자아이
こ-ども (子供) [코도모] 어린이, 아이　　　おんなのこ (女の子) [온나노코] 여자아이
ねこ (猫) [네꼬] 고양이　　　　　　　　　いくつ (幾つ) [이꾸쯔] 몇 개

10

いくらですか。

얼마입니까?

りんごは ひとつ いくらですか。

[링고와 히또쯔 이꾸라데스까]

사과는 하나에 얼마입니까?

それは ひとつ ひゃくえんです。

[소레와 히토쯔 햐꾸엔데스]

그것은 하나에 100엔입니다.

くつしたは いっそく ひゃくえんです。

[쿠쯔시따와 잇소쿠 햐쿠엔데스]

양말은 한 켤레에 100엔입니다.

いくらですか。　얼마입니까?

りんごは ひとつ いくらですか。	사과는 하나에 얼마입니까?
にじゅうごえんです。	25엔입니다.
りんご よっつ ください。	사과 네 개 주세요.
ありがとうございます。	고맙습니다.

앞에서 배운 단위를 기억하면서 문장을 만들어봅시다. 여기서는 수를 읽는 것이 가장 중요합니다.

これは いくらですか。	이것은 얼마입니까?
それは せんえんです。	그것은 1,000엔입니다.
これ ひとつ ください。	이거 하나 주세요.
ありがとうございます。	고맙습니다.

りんごは いくつ ありますか。	사과는 몇 개 있습니까?
りんごは とお あります。	사과는 열 개 있습니다.
ひとつ いくらですか。	하나에 얼마입니까?
ひとつ ひゃくえんです。	하나에 100엔입니다.
りんご みっつ ください。	사과 세 개 주세요.

 **새로운 단어**

いくら (幾ら) [이꾸라] 얼마	くつした (靴下) [쿠쯔시타] 양말
ください (下さい) [쿠다사이] 주십시오	いっそく (一足) [잇소꾸] 한 켤레
ありがとう (有難う) [아리가또-] 고맙다	えん (円) [엔] 일본 화폐 단위 / 엔
ひとつ (一つ) [히토쯔] 하나	

▶ 숫자 읽기

1	いち	11	じゅういち
2	に	12	じゅうに
3	さん	13	じゅうさん
4	よん / し	14	じゅうよん / じゅうし
5	ご	15	じゅうご
6	ろく	16	じゅうろく
7	しち / なな	17	じゅうしち / じゅうなな
8	はち	18	じゅうはち
9	く / きゅう	19	じゅうく / じゅうきゅう
10	じっ / じゅう	20	にじゅう

10에서 10,000단위까지 읽어 볼까요? 여기서도 발음에 따라 촉음으로 변하거나 뒤의 단위 발음이 달라지는 것에 유의하세요.

	10	100	1,000	10,000
1	じゅう	ひゃく	せん	いちまん
2	にじゅう	にひゃく	にせん	にまん
3	さんじゅう	さんびゃく	さんぜん	さんまん
4	よんじゅう	よんひゃく	よんせん	よんまん
5	ごじゅう	ごひゃく	ごせん	ごまん
6	ろくじゅう	ろっぴゃく	ろくせん	ろくまん
7	ななじゅう	ななひゃく	ななせん	ななまん
8	はちじゅう	はっぴゃく	はっせん	はちまん
9	きゅうじゅう	きゅうひゃく	きゅうせん	きゅうまん

TEST-5

5-1. 다음 그림을 보고 <보기>와 같이 제시된 질문과 대답을 쓰세요.

(りんご - ひとつ : 100円)

〈보기〉 사과는 한 개 얼마입니까?

▶ りんごは ひとつ いくらですか。

그것은 한 개 100엔입니다.

▶ それは ひとつ ひゃくえんです。

(さかな - さんびき : 250円)

① 생선은 3마리 얼마입니까?

▶

생선은 3마리 250엔입니다.

▶

(とり - ろくわ)

② 새는 몇 마리 있습니까?

▶

새는 여섯 마리 있습니다.

▶

(ほん - ななさつ : 10,000円)

③ 책은 7권에 얼마입니까?

▶

책은 7권에 10,000엔입니다.

▶

11

きょうは なんにちですか。

오늘은 며칠입니까?

きょうは なんにちですか。

[쿄-와 난니치데스까]

오늘은 며칠입니까?

きょうは なんようびですか。

[쿄-와 난요-비데스까]

오늘은 무슨 요일입니까?

あしたは なんようびですか。

[아시타와 난요-비데스까]

내일은 무슨 요일입니까?

きょうは なんにちですか。 오늘은 며칠입니까? - 날짜

きょうは なんにちですか。	오늘을 며칠입니까?
きょうは なんようびですか。	오늘은 무슨 요일입니까?
きょうは げつようびです。	오늘은 월요일입니다.

요일과 월, 일을 읽는 방법입니다. 다음 문장들을 살펴보세요.

きょうは なんにちですか。	오늘은 며칠입니까?
きょうは ついたちです。	오늘은 초하루입니다.
あしたは なんようびですか。	내일은 무슨 요일입니까?
あしたは かようびです。	내일은 화요일입니다.
きのうは なんがつ なんにちでしたか。	어제는 몇 월 며칠이었습니까?
ごがつ にじゅうごにちでした。	5월 25일이었습니다.
あなたの おたんじょうびは なんにちですか。	당신 생일은 며칠입니까?
さんがつ とおかです。	3월 10일입니다.

 새로운 단어

きょう (今日) [쿄-] 오늘	がつ (月) [가쯔] 월, 달
あした (明日) [아시타] 내일	よう-び (曜日) [요-비] 요일
きのう (昨日) [키노-] 어제	たん-じょうび (誕生日) [탄죠-비] 생일
にち (日) [니찌] 일	つい-たち (一日) [쯔이타찌] 초하루, 1일

▶ 날짜를 읽을 때

일반적으로 1일부터 10일까지는 다르게 읽습니다.

- 초하루 : 一日(ついたち)
- 초이틀 : 二日(ふつか)
- 초사흘 : 三日(みっか)
- 초나흘 : 四日(よっか)
- 초닷새 : 五日(いつか)
- 초엿새 : 六日(むいか)
- 초이레 : 七日(なのか)
- 초여드레 : 八日(ようか)
- 초아흐레 : 九日(ここのか)
- 초열흘 : 十日(とおか)

우리말에서도 하루 이틀이라고 읽는 것처럼 일본어에서도 마찬가지입니다. 그 다음 11일부터는 숫자를 읽을 때와 똑같이 읽고 뒤에 日(にち)를 붙이면 됩니다.

▶ 달, 월을 읽을 때

'달' 은 일본어로 月(つき)입니다. 그러나 일월부터 십이월까지는 がつ로 읽습니다.

- 일월 : 一月(いちがつ)
- 이월 : 二月(にがつ)
- 삼월 : 三月(さんがつ)
- 사월 : 四月(しがつ)
- 오월 : 五月(ごがつ)
- 유월 : 六月(ろくがつ)
- 칠월 : 七月(しちがつ)
- 칠월 : 八月(はちがつ)
- 구월 : 九月(くがつ)
- 시월 : 十月(じゅうがつ)
- 십일월 : 十一月(じゅういちがつ)
- 십이월 : 十二月(じゅうにがつ)

위의 열 두달 외에 지난달, 이번달의 경우에는 月(げつ)로 읽습니다.

- 지난달 : 先月 (せんげつ)
- 이번달 : 今月 (こんげつ)
- 다음달 : 來月 (らいげつ)

▶ 오늘, 어제, 내일

오늘, 이번주, 이번달, 올해 등 오늘을 중심으로 앞뒤의 날짜를 읽어봅시다.

그저께	어제	오늘	내일	모레
一昨日 おととい [오토또이]	昨日 きのう [키노-]	今日 きょう [쿄-]	明日 あした [아시따]	明後日 あさって [아삿떼]
지지난주	지난주	이번주	다음주	다다음주
先先週 せんせんしゅう [센센슈-]	先週 せんしゅう [센슈-]	今週 こんしゅう [콘슈-]	来週 らいしゅう [라이슈-]	再来週 さらいしゅう [사라이슈-]
지지난달	지난달	이번달	다음달	다다음달
先先月 せんせんげつ [센센게쯔]	先月 せんげつ [센게쯔]	今月 こんげつ [콩게쯔]	来月 らいげつ [라이게쯔]	再来月 さらいげつ [사라이게쯔]
재작년	작년	올해(금년)	내년	내후년
一昨年 おととし [오또또시]	去年 きょねん [쿄넨]	今年 ことし [코또시]	来年 らいねん [라이넨]	再来年 さらいねん [사라이넨]

▶ 매일과 며칠

· 매일 : 每日 (まいにち)   · 며칠 : なんにち
· 매주 : 每週 (まいしゅう)   · 몇 주 : なんしゅう
· 매월 : 每月 (まいつき/まいげつ) · 몇 월 : なんげつ
· 매년 : 每年 (まいねん/まいとし) · 몇 년 : なんねん

▶ 날짜와 요일 정리

日曜日 にちようび [니찌요-비]	月曜日 げつようび [게츠요-비]	火曜日 かようび [카요-비]	水曜日 すいようび [스이요-비]	木曜日 もくようび [모꾸요-비]	金曜日 きんようび [킹요-비]	土曜日 どようび [도요-비]
1	2	3	4	5	6	7
一日 ついたち [쯔이타찌]	二日 ふつか [후쯔카]	三日 みっか [밋카]	四日 よっか [욧카]	五日 いつか [이쯔카]	六日 むいか [무이카]	七日 なのか [나노카]
8	9	10	11	12	13	14
八日 ようか [요-카]	九日 ここのか [코코노카]	十日 とおか [토-까]	十一日 じゅういちにち [쥬-이치니찌]	十二日 じゅうににち [쥬-니니찌]	十三日 じゅうさんにち [쥬-산니찌]	十四日 じゅうよっか [쥬-욧카]
15	16	17	18	19	20	21
十五日 じゅうごにち [쥬-고니찌]	十六日 じゅうろくにち [쥬-로쿠니찌]	十七日 じゅうしちにち [쥬-시찌니찌]	十八日 じゅうはちにち [쥬-하치니찌]	十九日 じゅうくにち [쥬-쿠니찌]	二十日 はつか [하쯔카]	二十一日 にじゅういちにち [니쥬-이치니찌]
22	23	24	25	26	27	28
二十二日 にじゅうににち [니쥬-니니찌]	二十三日 にじゅうさんにち [니쥬-산니찌]	二十四日 にじゅうよっか [니쥬-욧카]	二十五日 にじゅうごにち [니쥬-고니찌]	二十六日 にじゅうろくにち [니쥬-로쿠니찌]	二十七日 にじゅうしちにち [니쥬-시치니찌]	二十八日 にじゅうはちにち [니쥬-하치니찌]
29	30	31				
二十九日 にじゅうくにち [니쥬-쿠니찌]	三十日 さんじゅうにち [산쥬-니찌]	三十一日 さんじゅういちにち [산쥬-이치니찌]				

앞에서 설명했듯이 11일부터는 일반적으로 숫자에 날짜인 日(にち)를 붙이지만, 14, 20, 24일은
다르게 읽습니다. 주의하십시오.

TEST-6

6-1. 다음 그림을 보고 <보기>와 같이 제시된 질문과 대답을 쓰세요.

〈보기〉 오늘은 며칠입니까?

▶ きょうは なんにちですか。

오늘은 초하루입니다.

▶ きょうは ついたちです。

① 내일은 무슨 요일입니까?

▶

내일은 토요일입니다.

▶

② 어제는 몇 월 며칠이었습니까?

▶

6월 12일이었습니다.

▶

③ 당신 생일은 며칠입니까?

▶

8월 28일입니다.

▶

12

いま なんじですか。

지금 몇 시입니까?

いま なんじですか。

[이마 난지데스까]

지금 몇 시입니까?

いま はちじです。

[이마 하찌지데스]

지금 8시입니다.

がっこうに なんじまで いきますか。

[각꼬-니 난지마데 이키마스까]

학교에 몇시까지 갑니까?

いま なんじですか。 지금 몇 시입니까? - 시간

いま なんじですか。	지금 몇 시입니까?
いま はちじです。	지금 8시입니다.
がっこうに なんじまで いきますか。	학교에 몇 시까지 갑니까?
がっこうに くじまで いきます。	학교에 9시까지 갑니다.

▶ 시간의 시와 분을 읽는 법

시	時 (じ)	분	分(ふん, ぷん)
몇 시	何時 (なんじ)	몇 분	何分 (なんぷん)
1	一時 (いちじ)	1	一分 (いっぷん)
2	二時 (にじ)	2	二分 (にふん)
3	三時 (さんじ)	3	三分 (さんぷん)
4	四時 (よじ)	4	四分 (よんぷん)
5	五時 (ごじ)	5	五分 (ごふん)
6	六時 (ろくじ)	6	六分 (ろっぷん)
7	七時 (しちじ)	7	七分 (ななふん)
8	八時 (はちじ)	8	八分 (はっぷん)
9	九時 (くじ)	9	九分 (きゅうふん)
10	十時 (じゅうじ)	10	十分 (じっぷん, じゅっぷん)
11	十一時 (じゅういちじ)	11	十一分 (じゅういっぷん)
12	十二時 (じゅうにじ)	15	十五分 (じゅうごふん)
15	十五時 (じゅうごじ)	20	二十分 (にじっぷん)
20	二十時 (にじゅうじ)	30	三十分 (さんじっぷん)
24	二十四時 (にじゅうよじ)	60	六十分 (ろくじっぷん)

▶ 시간에 관한 여러 가지

いま なんじですか。　　　　　　　　지금 몇 시입니까?
いま はちじです。　　　　　　　　　지금 여덟 시입니다.
ちょうど はちじですか。　　　　　　정각 여덟 시입니까?
はい, ちょうど はちじです。　　　　네, 정각 여덟 시입니다.

がっこうに なんじまで いきますか。　　학교에 몇 시까지 갑니까?
がっこうに くじまで いきます。　　　　학교에 9시까지 갑니다.
なんじに うちへ かえりますか。　　　　몇 시에 집으로 돌아옵니까?
よじに うちへ かえります。　　　　　　4시에 집으로 돌아옵니다.

くじ ごぶん すぎです。　　　　　　9시 5분 지났습니다.
くじ じっぷん すぎです。　　　　　9시 10분 지났습니다.
くじ じゅうごぶんです。　　　　　　9시 15분입니다.
くじ はんです。　　　　　　　　　9시 반입니다.
=くじ さんじっぷんです。　　　　　9시 30분입니다.

しちじ ごふん まえです。　　　　　7시 5분 전입니다.
しちじ じっぷん まえです。　　　　7시 10분 전입니다.

 새로운 단어

いま (今) [이마] 지금　　　　　　かえります (帰る) [카에리마스] 돌아옵니다
じ (時) [지] 시, 시각　　　　　　すぎ (過ぎ) [스기] 지나침
ちょうど (丁度) [쵸-도] 정각, 꼭　　から [카라] ~부터
いきます (行く) [이키마스] 갑니다　まで [마데] ~까지

176

TEST - 7

7-1. 다음 그림을 보고 <보기>와 같이 제시된 질문에 대답을 쓰세요.

〈보기〉 지금 (몇 시)입니까?

▶ いま なんじですか。

지금 (6시)입니다.

▶ いま (ろくじ)です。

① 학교에 (몇 시까지) 갑니까?

▶ がっこうに (　　　　　　) いきますか。

학교에 (8시 30분까지) 갑니다.

▶ がっこうに (　　　　　　　) いきます。

② 매일 아침 (몇 시)쯤 일어납니까?

▶ まいあさ (　　　　)ごろ おきますか。

매일 아침 (6시 15분)쯤 일어납니다.

▶ まいあさ (　　　　　　　)ごろ おきます。

③ (몇 시부터 몇 시까지) 공부를 합니까?

▶ (　　　　　　　　) べんきょうを しますか。

(10시부터 2시까지) 공부를 합니다.

▶ (　　　　　　　　) べんきょうを します。

13

この りょうりは おいしいです。

이 요리는 맛있습니다

この りょうりは おいしいですか。

[코노 료-리와 오이시-데스까]

이 요리는 맛있습니까?

あの やまは たかくないです。

[아노 야마와 타카쿠나이데스]

저 산은 높지 않습니다.

おでんは やすくて おいしいです。

[오뎅와 야스쿠떼 오이시-데스]

어묵은 싸고 맛있습니다.

おいしいです。 맛있습니다 - 형용사

この りょうりは おいしいですか。	이 요리는 맛있습니까?
この りょうりは おいしいです。	이 요리는 맛있습니다.
この りょうりは おいしくないです。	이 요리는 맛있지 않습니다.

형용사는 사물의 성질과 상태를 나타내는 활용어미가 'い'로 끝나는 말로, 어미를 변형하여 여러 형태로 활용되고 있습니다. 먼저 그 활용 형태를 살펴봅시다.

▶ 형용사의 활용

기본형	白(しろ)い	[시로이]	희다
부정형	白(しろ)くない	[시로꾸나이]	희지 않다
과거형	白(しろ)かった	[시로깟따]	희었다
과거부정	白(しろ)くなかった	[시로구나깟따]	희지 않았다
て형	白(しろ)くて	[시로꾸떼]	희고, 희어서
부사형	白(しろ)く	[시로꾸]	희게, 하얗게
가정형	白(しろ)ければ	[시로케레바]	희다면, 하얗다면

 새로운 단어

りょうり (料理) [료-리] 요리	あつい (厚い) [아쯔이] 두껍다
おいしい (美味しい) [오이시-] 맛있다	きこう (気候) [키코-] 날씨
しろい (白い) [시로이] 희다	あつい (暑い) [아쯔이] 덥다
かみ (紙) [카미] 종이	さむい (寒い) [사무이] 춥다
くろい (黒い) [쿠로이] 검다	いたい (痛い) [이타이] 아프다
かお (顔) [카오] 얼굴	たのしい (楽しい) [타노시이] 즐겁다

① 형용사의 어미는 'い'

しろい[시로이](흰) くろい[쿠로이](검은), あつい[아쯔이](두꺼운) 등은 형용사입니다.
단어의 어미가 모두 い로 되어 있습니다. 이 형용사는 명사 앞에 다른 조사가 없이 그대로
함께 쓰입니다.

しろい かみ	[시로이 카미]	하얀 종이
くろい かお	[쿠로이 카오]	검은 얼굴
あつい ほん	[아쯔이 홍]	두꺼운 책

② 형용사 + ～です / ～ですか

형용사의 기본형에 ～です(입니다), ～ですか(입니까)를 붙일 수 있습니다.
말 그대로 '(형용사)입니까?', '(형용사)입니다'로 해석되며, ～です(입니다), ～ですか(입니
까)가 붙은 것은 정중한 표현입니다.

▶ おいしい [오이시이] 맛있다.

おいしい +	です。	= 'おいしいです。'	맛있습니다.
	ですか。	= 'おいしいですか。'	맛있습니까?

この りょうりは おいしいです。	이 요리는 맛있습니다.
この りょうりは おいしいですか。	이 요리는 맛있습니까?

きょうは あついです。	오늘은 덥습니다.
ふゆは さむいです。	겨울은 춥습니다.

うんどうじょうが ひろいです。	운동장이 넓습니다.
わたしの へやは せまいです。	내 방은 좁습니다.

③ 어간 + くない (~하지 않다) : 형용사의 부정

형용사의 어미 い를 빼고 くない를 붙이면 '~ 하지 않다'라는 뜻이 됩니다.
형용사의 활용은 어미를 어떻게 바꾸느냐에 따라 해석이 달라집니다.
부정형은 형용사의 기본형 어미인 'い'를 'くない'로 바꾸어 '~하지 않다'라는 뜻으로 해
석합니다.

▶ しろい [시로이] 하얗다.

| この かみは | しろい | + | ですか。 | 이 종이는 하얗습니까? |
| | しろ | + | くないです。 | 이 종이는 하얗지 않습니다. |

이때 '하얗다'는 뜻의 'しろい'란 형용사는 반대말인 '검다'의 'くろい'로 쓸 수도 있지
만, '희지 않다'는 문장으로 어미 い를 く로 바꾸고 부정의 뜻인 'ない[나이]'를 붙여 표현
한 것입니다.

この かみは しろいですか。	이 종이는 하얗습니까?
この かみは しろくないです。	이 종이는 하얗지 않습니다.
おでんは おいしい。	어묵은 맛있다.
おでんは おいしくない。	어묵은 맛있지 않다.
あの やまは たかい。	저 산은 높다.
あの やまは たかくない。	저 산은 높지 않다.
わたしは きょう いそがしい。	나는 오늘 바쁘다.
わたしは きょう いそがしくない。	나는 오늘 바쁘지 않다.
うんどうじょうが ひろい。	운동장이 넓다.
うんどうじょうが ひろくない。	운동장이 넓지 않다.

부정의 표현에도 존대말이 있습니다. 형용사 부정형 뒤에 'です' 혹은 'ありません'을 붙이는 것입니다.

おいし くない。	맛이 없다.
くないです。	맛있지 않습니다.
くありません。	맛있지 않습니다.
ふうせんは かるい。	풍선은 가볍다.
かるくない。	풍선은 가볍지 않다.
かるくないです。	풍선은 가볍지 않습니다.
かるくありません。	풍선은 가볍지 않습니다.
そらが くろい。	하늘이 검다(까맣다).
くろくない。	하늘이 검지 않다.
くろくないです。	하늘이 검지 않습니다.
くろくありません。	하늘이 검지 않습니다.

④ 어간 + かった (~했었다) : 형용사의 과거형

기본형 어미 '~い' 대신에 'かった' [깟따]를 사용하면, '~했었다'로 해석합니다. 이때 っ는 촉음으로 か의 받침으로 '깟' 하고 소리냅니다. 마찬가지로 정중한 존대말 표현은 뒤에 'です'를 붙입니다.

▶ いたい [이따이] 아프다.

きょうは あの ひとが いたいです。	오늘은 저 사람이 아픕니다.
きのうは あの ひとが いたかったです。	어제는 저 사람이 아팠습니다.
きのうは たのしかったですか。	어제는 즐거웠습니까?
はい, たのしかったです。	네, 즐거웠습니다.

⑤ 어간 + くなかった (~하지 않았다) : 형용사의 과거부정형

きのうは いそがしくなかったです。(어제는 바쁘지 않았습니다)

형용사의 과거부정은 '~い'를 뺀 형용사 어간에 '~くなかった'를 붙이는 것입니다. 해석은 '~하지 않았었다' 입니다.

다시 정리를 하면,
형용사의 기본형인 '~い'가
부정형일 때는 '~い'를 빼고 '~くない'를 붙여서 '~ 하지 않다'
과거형은 기본형 어미 '~い' 대신에 'かった'를 붙여 '~했었다' 입니다.
과거부정은 현재 부정인 '~くない'에서 어미 '~い'를 빼고 'かった'를 붙여 '~くなかった'를 붙이는 것입니다.

▶ たのしい [타노시이] 즐겁다.

たのしいです。	즐겁습니다.	현재형(긍정)
たのしくないです。	즐겁지 않습니다.	현재의 부정
たのしかったです。	즐거웠습니다.	과거형(긍정)
たのしくなかったです。	즐겁지 않았습니다.	과거의 부정

▶ いそがしい [이소가시이] 바쁘다.

おとうさんは いそがしいです。	아버지는 바쁩니다.
おとうさんは いそがしくないです。	아버지는 바쁘지 않습니다.
おとうさんは いそがしかったです。	아버지는 바빴습니다.
おとうさんは いそがしくなかったです。	아버지는 바쁘지 않았습니다.

⑥ て형과 부사형

형용사가 명사를 수식할 경우에는 원형 그대로 명사와 연결합니다.

うつくしい はな [우쯔쿠시이 하나] 　　 아름다운 꽃
ひろい へや 　　 [히로이 헤야] 　　 넓은 방

그러나 형용사를 나열할 경우에는 어미 'い'를 'くて'로 바꾸어 붙이며 '~하고'로 해석됩니다. 일본어 문법에서는 형용사 て형이라고 합니다. 물론 뒤의 형용사는 원형을 그대로 사용합니다.

▶ やすい [야스이] + おいしい [오이시이] = 싸고 맛있다
　 この りょうりは やすくて おいしい。 　　　　　　 이 음식은 싸고 맛있다.

▶ ひろい [히로이] + あかるい [아카루이] = 넓고 밝다
　 その へやは ひろくて あかるい。 　　　　　　 그 방은 넓고 밝다.

같은 형태로 형용사가 부사로 변형할 때, 어미 'い'를 'く'로 바꿉니다.

▶ たかい 　　 높다 　　　　 たかく 　　　　 높게
▶ うつくしい 아름답다 　　　 うつくしく 　　 아름답게
▶ はやい 　　 빠르다 　　　　 はやく 　　　　 빠르게, 빨리

　 うさぎが はやく いきます。 　　 토끼가 빠르게 갑니다.
　 ひこうきが そら たかく とびました。 　 비행기가 하늘 높이 날았습니다.

주요 형용사 모음

清い(きよい)	깨끗하다	汚(きたな)い	더럽다
嬉(うれ)しい	기쁘다	悲(かな)しい	슬프다
麗(うるわ)しい	아름답다	痛(いた)い	아프다
暖(あたた)かい	따뜻하다	寒(さむ)い	춥다
幼(おさな)い	어리다	逞(たくま)しい	씩씩하다
新(あたら)しい	새롭다	古(ふる)い	낡다
軽(かる)い	가볍다	重(おも)い	무겁다
面白(おもしろ)い	재미있다	恐(おそ)ろしい	무섭다
美味(おい)しい	맛있다	まずい	맛없다
大(おお)きい	크다	小(ちい)さい	작다
明(あか)るい	밝다	暗(くら)い	어둡다
高(たか)い	비싸다	安(やす)い	싸다, 편안하다
高(たか)い	높다	低(ひく)い	낮다
楽(たの)しい	즐겁다	苦(くる)しい	괴롭다
可愛(かわい)い	귀엽다	怪(あや)しい	이상하다, 신비롭다
長(なが)い	길다	短(みじか)い	짧다
速(はや)い	빠르다	遅(おそ)い	느리다
白(しろ)い	희다	黒(くろ)い	검다
甘(あま)い	달다	苦(にが)い	쓰다
強(つよ)い	강하다	弱(よわ)い	약하다
凄(すご)い	대단하다	つまらない	시시하다
親(した)しい	친하다	気(き)まずい	서먹서먹하다
広(ひろ)い	넓다	狭(せ)まい	좁다
易(やさ)しい	쉽다	難(むずか)しい	어렵다
近(ちか)い	가깝다	遠(とお)い	멀다

14

はなが きれいだ。

꽃이 예쁘다.

はなが きれいだ。
[하나가 키레이다]

꽃이 예쁘다.

きのうは ひまでは ないです。
[키노-와 히마데와 나이데스]

어제는 한가하지 않았습니다.

しずかで きれいです。
[시즈카데 키레이데스]

조용하고 깨끗합니다.

はなが きれいだ。 꽃이 예쁘다 - 형용동사

はなが きれいですか。	꽃이 예쁩니까?
はい, きれいです。	네, 예쁩니다.
いいえ, きれいでは ないです。	아니오, 예쁘지 않습니다.

일본어의 형용사는 크게 'い형용사'와 'な형용사'가 있습니다.

앞서 배운 것은 어미가 'い'로 끝나는 형용사입니다. 그 형용사와 성격은 비슷하지만 ~な로 끝나는 것을 'な형용사 · 형용동사'라고도 합니다.

형용동사는 사물의 성질과 상태를 나타내는 말로, 원래 어미가 'な'로 끝나는 것이 아니고 'だ'로 끝나는 형용사입니다. 다만, 많이 사용되는 예로 명사 앞에 사용될 때 な가 붙는다고 해서 'な형용사'라고 합니다.

여러 가지 형용동사를 보기 전에 활용을 정리한 표를 먼저 봅시다.

▶ 형용동사의 활용

기본형	しずかだ	조용하다.
부정형	しずかでは ない	조용하지 않다.
과거형	しずかだった	조용했었다.
과거부정	しずかでは なかった	조용하지 않았다.
	しずかでは なかったです	조용하지 않았었습니다.(정중)
	しずかでは ありませんでした	조용하지 않았었습니다.(정중)
연체형	しずかな	조용한 (형용동사+명사)
て형	しずかで	조용하고(중지형)
부사형	しずかに	조용히
가정형	しずかならば	조용하다면

▶ 형용사와 형용동사의 구별

형용사 :　しろい かみ　　　　　　[시로이 카미]　　　　하얀 종이
　　　　　くろい かお　　　　　　[쿠로이 카오]　　　　검은 얼굴
　　　　　あつい ほん　　　　　　[아쯔이 홍]　　　　　두꺼운 책

형용동사 : きれいな いろ　　　　[키레이나 이로]　　　예쁜 색깔
　　　　　けんこうな ひと　　　[켕꼬-나 히또]　　　　건강한 사람
　　　　　きれいな おんな　　　[키레이나 온나]　　　아름다운 여자

① 형용동사의 어미는 'だ'

사물의 성질과 상태를 나타내는 형용동사는 어미가 'な'로 끝나지 않고 'だ'(다)로 끝나지만, 사전에서도 'だ'가 생략되어 있습니다.

형용동사는 흔히 명사와 붙어서 많이 사용되는데, 형용동사는 뒤에 명사가 올 경우 어미 だ를 빼고 な를 사용하며 연체형이라고 말합니다. 그래서 'な형용사'로 불리기도 합니다.

きれいな おんな　　　　　　[키레이나 온나]　　　아름다운 여자
けんこうな ひと　　　　　　[켕꼬-나 히또]　　　　건강한 사람
しずかな へや　　　　　　　[시즈까나 헤야]　　　조용한 방

② 형용동사 어간 + ～です

특히 형용동사는 사전에서도 뒤의 어미가 빠진 상태로 실려 있습니다. 기본형은 뒤에 だ를 붙여야 합니다.

きれいだ　　　　　　　　　(기본형) - 예쁘다, 깔끔하다.
きれい　　　　　　　　　　(사전형) - 예쁘다, 깔끔하다.
きれいです　　　　　　　　(정중체) - 예쁩니다, 깔끔합니다.

③ 형용동사 어간 + では ない : 형용동사 부정형

형용동사의 부정형은 명사의 부정형과 같이 어간 + では ない를 붙여, '~하지 않다' 로 해석됩니다.

▶ 형용동사 すきだ [스키다] 좋다

すきです。	좋아합니다.	기본형 보통체
すきでは ない。	좋아하지 않는다.	부정문 보통체
すきでは ないです。	좋아하지 않습니다.	부정문 정중체
すきでは ありません。	좋아하지 않습니다.	부정문 정중체

정중체로는 では ない 대신에 では ないです, 혹은 では ありません을 씁니다.

▶ きれいだ [키레이다] 예쁘다

きれいです。	예쁩니다.	기본형 보통체
きれいでは ない。	예쁘지 않다.	부정문 보통체
きれいでは ないです。	예쁘지 않습니다.	부정문 정중체
きれいでは ありません。	예쁘지 않습니다.	부정문 정중체

あの ひとは きれいです。	저 사람은 예쁩니다.
あの ひとは きれいでは ない。	저 사람은 예쁘지 않다.

189

④ 형용동사 어간 + だった : 형용동사 과거형

형용동사의 과거형은 보통 어간 + だった (닷따)를 붙입니다. (보통문)
아래 한가하다라는 뜻의 'ひまだ'의 예로 보면, 어간인 'ひま'에 'だった'를 붙여 '한가했
다'로 해석합니다.

▶ しずか だ [시즈까다] - 조용하다

しずか だ。	조용하다.	기본형
しずか です。	조용합니다.	기본형(정중형)
しずか だった。	조용했다.	과거기본형
しずか でした。	조용했습니다.	과거형(정중형)

과거형의 정중체로는 だった 대신에 でした를 붙입니다.

きょうは しずかです。	오늘은 조용합니다.	현재(정중형)
きのうは しずかでした。	어제는 조용했습니다.	과거(정중형)

⑤ 형용동사 어간 + ではな + かった : 과거부정문

과거부정은 전에 '~하지 않았었다'로 형용동사 어간에 では なかった를 붙입니다.
마찬가지로 정중체는 では なかった 뒤에 です를 붙이거나,
では ありません + でした로 표현할 수 있습니다.

しずかでは なかったです。	조용하지 않았습니다.

しずかでは なかった。	조용하지 않다.	보통문
しずかでは なかったです。	조용하지 않았습니다.	정중체
しずかでは ありませんでした。	조용하지 않았습니다.	정중체

여러 가지 형용동사의 활용을 정리하면 다음과 같습니다.

▶ ひまだ [히마다] 한가하다

ひま だ。	한가하다.	기본형
ひま です。	한가합니다.	기본형(정중형)
ひま では ない。	한가하지 않다.	부정형
ひま では ないです。	한가하지 않습니다.	부정형(정중형)
ひま だった。	한가했었다.	과거형
ひま では なかった。	한가하지 않았다.	과거부정
ひま では なかったです。	한가하지 않았었습니다.	과거부정(정중형)
ひま では ありませんでした。	한가하지 않았었습니다.	과거부정(정중형)

⑥ 형용동사 어간 + で : 형용동사 'で' 형

い형용사에서 형용사와 형용사를 연결할 때는 '~하고, ~해서' 라는 형태로 'くて'를 사용합니다. 형용동사에서는 'くて' 대신에 'で'를 사용합니다.

しずかだ [시즈카다] 조용하다 + きれいだ [키레이다] 깨끗하다, 예쁘다
= しずかで きれいです (조용하고 깨끗합니다)

이때, い형용사 + な형용사(형용동사)의 연결일 경우는 앞의 형용사 용법을 따라, 앞에서 수식하는 い형용사 용법인 'くて'를 사용하고,
な형용사(형용동사) + い형용사일 경우에는 연결어미 'で'를 사용합니다.

▶형용사 + 형용동사 (うつくしい + きれいだ)
うつくしくて きれいです.   아름답고 예쁩니다.

▶형용동사 + 형용사 (きれいだ + うつくしい)
きれいで うつくしいです.   예쁘고 아름답습니다.

191

⑦ 형용동사 어간 + く : 형용동사의 부사형

い형용사를 '~하게'라는 뜻의 부사로 변형할 때는 어미가 'く'로 바뀝니다.
な형용사(형용동사)일 경우에는 'く' 대신에 'に'를 붙입니다

▶ い형용사

はやい[하야이] 빠르다 　　　 → はやく [하야쿠] 빠르게, 빨리

▶ な형용사(형용동사)

へただ [헤타다] 서투르다 　　　 → へたに [헤타니] 서투르게

じょうぶだ [죠-부다] 튼튼하다 　　 → じょうぶに[죠-부니] 튼튼하게

 새로운 단어

はな (花) [하나] 꽃 　　　　　　　へや (部屋) [헤야] 방

きれい (奇麗) [키레이] 예쁨 　　　すき (好き) [스키] 좋아함

ひま (暇) [히마] 한가함 　　　　　はやい (早い・速い) [하야이] 빠르다

しずか (静か) [시즈카] 조용함 　　へた (下手) [헤타] 서투르다

けんこう (健康) [켕코-] 건강함 　　じょうぶ (丈夫) [죠-부] 튼튼하다

주요 형용동사 정리

上手(じょうず)だ	능숙하다	安心(あんしん)だ	안심이다
下手(へた)だ	서투르다	大事(だいじ)だ	소중하다
好(す)きだ	좋아하다	真面目(まじめ)だ	성실하다
嫌(きら)いだ	싫다	駄目(だめ)だ	안 되다
静(しずか)だ	조용하다	豊(ゆた)かだ	풍요하다
丈夫(じょうぶ)だ	튼튼하다	適当(てきとう)だ	적당하다
簡単(かんたん)だ	간단하다	心配(しんぱい)だ	걱정되다
明(あき)らかだ	밝다, 환하다	残念(ざんねん)だ	유감이다
便利(べんり)だ	편리하다	楽(らく)だ	편안하다
奇麗(きれい)だ	예쁘다	明(あき)らかだ	분명하다
不便(ふべん)だ	불편하다	親切(しんせつ)だ	친절하다
暇(ひま)だ	한가하다	勝手(かって)だ	제멋대로이다
重要(じゅうよう)だ	중요하다	穏(おだ)やかだ	온화하다
元気(げんき)だ	건강하다		

い형용사와 な형용사는 구별이 잘 되지 않습니다.

회화를 공부하면서 자연스럽게 알게 되겠지만 처음에는 어쩔 수 없이 외워야 합니다. 앞선 주요 형용사와 이번 주요 형용동사는 많이 사용되는 것이니 틈틈이 외워두고 활용해 보면 많은 도움이 될 것입니다.

15

これは ほんです。

이것은 책입니다.

これは ほんです。

[코레와 혼데스]

이것은 책입니다.

あの ひたは がくせいですか。

[아노 히또와 각세-데스까]

저 사람은 학생입니까?

わたしの かさ。

[와따시노 카사]

나의 우산.

これは ほんです。 이것은 책입니다. - 명사

これは ほんです。	이것은 책입니다.
あの ひとは がくせいですか。	저 사람은 학생입니까?
あの ひとは せんせいです。	저 사람은 선생님입니다.

명사는 사물을 가리키는 이름입니다. 일본어의 품사는 크게 명사, 형용사, 형용동사, 동사, 부사, 조사로 나누어집니다. 일본어에서는 명사, 형용사, 동사만 문법적으로 확실히 이해하면 나머지는 우리말의 어순과 같기 때문에 혼자서도 쉽게 배울 수 있습니다.

これは ほんです。	이것은 책입니다.
あの ひとは がくせいです。	저 사람은 학생입니다.

명사의 특징은 명사 하나만으로는 문장을 완벽하게 만들 수 없다는 것입니다. 앞서 형용사와 형용동사는 어미를 바꾸어 여러 가지로 변형하였습니다.

명사 뒤에는 'です'가 붙어야 완벽한 문장이 됩니다. 따라서 명사를 쓰는 문장에서는 'です'의 변형으로 여러 가지 활용문장이 만들어집니다.

'です'는 문장체인 '~である'에서 파생된 말로, 구어체인 '~だ'의 정중형입니다.

새로운 단어

かさ [傘] [카사] 우산

▶ がくせい [각세-] 学生 : 명사

がくせい　です。	学生입니다.
がくせい　ですか。	学生입니까?
がくせい　では ない。	学生이 아니다.
がくせい　では ありません。	学生이 아닙니다. (정중)
がくせい　だった。	学生이었다.
がくせい　では なかった。	学生이 아니었다.
がくせい　では ありませんでした。	学生이 아니었습니다.(정중)

　형용사든 명사든 현재, 부정, 과거에 들어가는 어미는 거의 같기 때문에 우리말의 어미를 같이 생각하면서 익히면 훨씬 간단합니다.
　명사 문장을 다시 정리하는 것은 다음의 동사 활용을 익히는 데 있어서 어미의 변형을 이해하기 쉽도록 한 번 더 언급한 것입니다.

　명사와 명사를 붙일 때에는 반드시 사이에 の를 붙입니다. 우리말 번역에서는 생략하는 경우가 많지만 일본어에는 꼭 있어야 하는 것입니다.

がくせい + ほん = がくせいの ほん。	学生(의) 책
わたし　 + かさ = わたしの かさ。	나의 우산, 내 우산

16

あめが ふります。

비가 내립니다.

あめが ふります。
[아메가 후리마스]

비가 내립니다.

しゅうまつには えいがを みます。
[슈-마쯔니와 에-가오 미마스]

주말에는 영화를 봅니다.

ちょうしょくは たべないです。
[쵸-쇼쿠와 타베나이데스]

아침은 먹지 않습니다.

あめが ふります。 비가 내립니다 - 동사

あめが ふります。	비가 내립니다.
えいがを みます。	영화를 봅니다.
ちょうしょくは たべないです。	아침은 먹지 않습니다.

동사는 동작, 존재, 상태를 나타내는 단어입니다.

모든 동사의 기본형은 어미가 う단(うくすつぬふむる)으로 끝납니다.

이것은 형용사와 형용동사처럼 어미를 활용하여 변형합니다. 일본어를 배울 때 가장 어렵고 복잡해지는 단계이지만, 앞서 형용사와 명사, 형용동사에서 배웠듯이 몇 가지 규칙만 알면 활용이 쉽고 간단합니다.

동사를 배우기 전에 반드시 오십음도에서 단과 행 개념을 알아야 합니다.

あ단	あ か さ た な は ま や ら わ
い단	い き し ち に ひ み り
う단	う く す つ ぬ ふ む ゆ る を
え단	え け せ て ね へ め れ
お단	お こ そ と の ほ も よ ろ ん

오십음도를 배울 때 흔히 행을 외우듯이 단도 외워두어야 합니다.

(1) 동사의 종류

일본어 동사에는 활용형태에 따라서 크게 '1류동사' '2류동사' '3류동사' 세 가지로 구분할 수 있습니다. 각 종류별로 변형의 형태가 다르므로 동사의 종류를 아는 것은 매우 중요합니다.

① 1류동사

- 동사의 기본형 어미는 모두 う단으로 끝난다고 했습니다. 그 う단에서 기본형의 어미가 る가 아닌 나머지로 끝나는 동사는 모두 1류동사입니다.

書(か)く	[카꾸]	쓰다
話(はな)す	[하나스]	말하다
立(た)つ	[타쯔]	일어서다
死(し)ぬ	[시누]	죽다
呼(よ)ぶ	[요부]	부르다
住(す)む	[스무]	살다
泳(およ)ぐ	[오요구]	수영하다
買(か)う	[카우]	사다

- 기본형의 어미가 る로 끝났지만, 바로 앞 글자가 い단, え단이 아닌 것은 1류동사입니다. 즉, る 앞에 あ, う, お단이 오면 1류동사인 것입니다.

ある	[아루]	있다
降(ふ)る	[후루]	내리다(비가)
乗(の)る	[노루]	타다
なる	[나루]	되다
取(と)る	[토루]	잡다

② 2류동사

- 기본형의 어미가 반드시 る로 끝나고, 바로 앞글자가 い단이나 え단으로 끝나는 것이 2류동사입니다.

▶ い단 : い, き, し, ち, に, ひ, み, り

居(い)る	[이루]	거주하다
起(お)きる	[오키루]	일어나다
似(に)る	[니루]	닮다
落(お)ちる	[오찌루]	떨어지다
着(き)る	[키루]	입다
見(み)る	[미루]	보다

▶ え단 : え, け, せ, て, ね, へ, め, れ

寝(ね)る	[네루]	잠자다
得(え)る	[에루]	얻다
食(た)べる	[타베루]	먹다
教(おし)える	[오시에루]	가르치다
調(しら)べる	[시라베루]	조사하다
出(で)る	[데루]	나가다
締(しめ)る	[시메루]	닫다. 잠그다

③ 3류동사

3류동사는 さ행과 か행에 각각 한 단어밖에 없습니다. 변형이 불규칙하고 많이 쓰이므로 꼭 외워두어야 합니다.

さ행 - する [스루] 하다   か행 - くる [쿠루] 오다

(2) 동사의 변형 – 1류동사

① 1류동사

1류동사는 어미를 あいうえお 다섯 단에 걸쳐 활용되는 동사를 말합니다.

▶ 書く(かく) 쓰다

부정형	あ단 + ない	かかない	쓰지 않는다
과거부정	あ단 + なかった	かかなかった	쓰지 않았다
정중형(ます형)	い단 + ます	かきます	씁니다
ます의 과거	い단 + ました	かきました	썼습니다
ます의 부정	い단 + ません	かきません	쓰지 않습니다
ます의 과거부정	い단 + ませんでした	かきませんでした	쓰지 않았습니다
종지형(기본형)	う단	かく	쓰다
명사수식형	う단 + 명사	かくとき	쓸 때
명령형	え단	かけ	써라
가정형	え단 + ば	かけば	쓰면
의지형	お단 + う	かこう	쓰자

위의 표에서 보면 어미 く를 あいうえお단에서 변형하면서 의미가 다르게 나누어진다는 것을 알 수 있습니다. 다른 많은 1류동사들도 이 규칙으로 움직입니다.

여기서, 정중형의 ます는 동사에만 적용되는 것입니다.

ます의 과거형은 ました

　　　부정형은 ません

　　　과거부정은 ませんでした

ます용법은 모든 동사활용에서 똑같이 변형됩니다.

명사나 형용사의 정중형에는 です를 적용했던 것을 기억하십시오.

다른 예를 봅시다.

▶ のる [노루] 타다

のら ない	타지 않는다	부정형
のら なかった	타지 않았다	과거부정형
のります	탑니다	ます형(정중형)
のりました	탔습니다	ます의 과거
のりません	타지 않습니다	ます의 부정
のりませんでした	타지 않았습니다	ます의 과거부정
のる	타다	기본형(종지형)
のるとき	탈 때	명사수식형
のれ	타라	명령형
のれば	타면	가정형
のろう	타자	의지형

▶ すむ [스무] 살다

すま ない	살지 않는다	부정형
すま なかった	살지 않았다	과거부정형
すみます	삽니다	ます형(정중형)
すみました	살았습니다	ます의 과거
すみません	살지 않습니다	ます의 부정
すみませんでした	살지 않았습니다	ます의 과거부정
すむ	살다	기본형(종지형)
すむとき	살 때	명사수식형
すめ	살아라	명령형
すめば	살면	가정형
すもう	살자	의지형

(2) 동사의 변형 - 2류동사

② 2류동사

2류동사는 어미가 모두 る로 끝나고, 변형규칙은 다음과 같습니다.

▶ み(見)る [미루] 보다

부정형	어간 + ない	みない	보지 않는다
과거부정	어간 + なかった	みなかった	보지 않았다
ます형(정중형)	어간 + ます	みます	봅니다
ます의 과거	어간 + ました	みました	봤습니다
ます의 부정	어간 + ません	みません	보지 않습니다
ます의 과거부정	어간 + ませんでした	みませんでした	보지 않았습니다
종지형(기본형)	기본형	みる	보다
명사수식형	기본형 + 명사	みるとき	볼 때
가정형	어간 + れば	みれば	보면
명령형	어간 + ろ / よ	みろ	보라
의지형	어간 + よう	みよう	보자

앞에서 설명했듯이, ない와 ます는 똑같이 변형됩니다.

부정 ない의 과거형은 なかった

정중형 ます의 과거형은 ました

부정형은 ません

과거부정은 ませんでした

그러므로 기본적인 부정형과 ます형은 따로 외워두면 편리합니다.

▶ 食(た)べる [타베루] 먹다

たべ ない	먹지 않는다	부정형
たべ なかった	먹지 않았다	과거부정형
たべます	먹습니다	ます형(정중형)
たべました	먹었습니다	ます의 과거
たべません	먹지 않습니다	ます의 부정
たべませんでした	먹지 않았습니다	ます의 과거부정
たべる	먹다	종지형(기본형)
たべるとき	먹을 때	명사수식형
たべれば	먹으면	가정형
たべろ	먹어라	명령형
たべよう	먹자	의지형

▶ 着(き)る [키루] 입다

きない	입지 않는다	부정형
きなかった	입지 않았다	과거부정형
きます	입습니다	ます형(정중형)
きました	입었습니다	ます의 과거
きません	입지 않습니다	ます의 부정
きませんでした	입지 않았습니다	ます의 과거부정
きる	입다	종지형(기본형)
きるとき	입을 때	명사수식형
きれば	입으면	가정형
きろ	입어라	명령형
きよう	입자	의지형

(2) 동사의 변형 - 3류동사

③ 3류동사 (くる / する)

3류동사는 변형이 불규칙하고 많이 쓰이지만 くる와 する 두 개뿐입니다.
반드시 외워 두세요.

▶くる [쿠루] 오다　　　　　　▶する [스루] 하다

	くる		する	
부정형	こない	오지 않는다	しない	하지 않는다
정중형(ます형)	きます	옵니다	します	합니다
종지형(기본형)	くる	오다	する	한다
명사수식형	くるとき	올 때	するとき	할 때
명령형	くれば	오면	すれば	하면
가정형	こい	오라	しろ	해라
의지형	こよう	오자	しよう	하자

3류동사 또한, ない와 ます는 똑같이 변형됩니다.
부정형 ない의 과거형은 なかった
정중형 ます의 과거형은 ました
　　　　부정형은 ません
　　　과거부정은 ませんでした

　일본어의 기본 문법은 동사까지 완벽하게 이해하면 거의 다 끝낸 셈입니다. 그 이상은 접속조사나 부조사 등 회화에서 자연스러운 표현을 위해 업그레이드시키는 일입니다. 일본어는 많은 문장 연습도 중요하지만 대부분의 사람들은 일본어 한자 쓰기와 읽기를 어려워 합니다. 사전이나 인터넷 검색을 통한 꾸준한 노력이 필요합니다.

解答
かいとう

95p
アイ	あめりか
ウタ	かめら
カオ	さびす
サクラ	てれび
テンキ	ぴあの
イヌ	ほてる
ハナ	もでる
ヤマ	ごるふ

137p 1-1
① これは うしです。
② これは すしです。
③ それは かばんです。
④ それは ほんです。
⑤ あれは ねこです。
⑥ あれは さらです。

142p 2-1.
① いいえ, これは いすでは ありません。
　　これは つくえです。
② いいえ, それは へやでは ありません。
　　それは いえです。
③ いいえ, あれは はなでは ありません。
　　あれは あり です。
④ いいえ, これは やまでは ありません。
　　これは さかなです。
⑤ いいえ, あれは つきでは ありません。
　　あれは ひです。

143p 2-2.
① これは でんわですか。
② それは ねこ ですか。
③ あなたは がく せいですか。
④ あの ひとは せんせいですか。

　　2-3.
① これは かさ では ありません。
② それは えんぴつでは ありません。
③ わたしは がく せいでは ありません。
④ その ひとは せんせいでは ありません。

154p 3-1.
① これ(は)わたし(の)かさ です。
② あ(の)ひと(は)せんせいですか。
③ あれ(は)あなた(の)ほんでは ありません。
④ あなた(の)ぼうし(は)どれですか。

　　3-2.
① ▷ そこに つくえが あります。

　　▶ そこに つくえが ありません。
② ▷ あそこに くだものが あります。
　　▶ あそこに くだものが ありません。
③ ▷ へやに はなが あります。
　　▶ へやに はなが ありません。

155p 3-3.
① ▷ そこに おとうさんが います。
　　▶ そこに おとうさんが いません。
② ▷ いえの なかに ひとが います。
　　▶ いえの なかに ひとが いません。

　　3-4.
① もんの まえに こどもが います。
② もんの まえに いすが あります。
③ もんの まえに とらが います。

159p 4-1.
① ねこは あたまの (うえ)に います。
② ほんは はこの (なか)に あります。
③ ぶたは かぐの (うしろ)に います。

　　4-2.
① もんの まえに ともだちが います。
② しおは はこの なかに あります。
③ かばんは つくえの うえに あります。

167p 5-1.
① ▶ さかなは さんびき いくらですか。
　　▶ さかなは さんびき にひゃくごじゅうえんです。
② ▶ とりは なんば いますか。
　　▶ とりは ろくわ います。
③ ▶ ほんは ななさつ いくらですか。
　　▶ ほんは ななさつ いちまんえんです。

173p 6-1.
① ▶ あしたは なんようびですか。
　　▶ あしたは どようびです。
② ▶ きのうは なんがつ なんにちでしたか。
　　▶ ろくがつじゅう ににちでした。
③ ▶ あなたの おたんじょうびは なんにちですか。
　　▶ はちがつ にじゅう はちにちです。

177p 7-1.
① ▶ がっこうに (なんじまで) いきますか。
　　▶ がっこうに (はちじ さんじっぷんまで) いきます。
② ▶ まいあさ (なんじ)ごろ おきますか。
　　▶ まいあさ (ろくじ じゅうごふん)ごろ おきます。
③ ▶ (なんじから なんじまで) べんきょうを しますか。
　　▶ (じゅうじから にじまで) べんきょうを します。

本語は大きくひらがな カタカナに区分されています。もともと固有の文字を持っていなかった日本は漢字の音（音）を借り
日本語を表記する方法を考案するようになりました。それは漢字の音と訓とは関係なく日本語の音節だけに合わせたもの
、初めはこれを万葉仮名（仮名）と言って、漢字のこぼれ体がそのまま使われました。そうするうちに漢字は回数が多くて
くのに時間がかかるので、これを次第に簡略化した字体が考案されましたが、これが平仮名とカタカナです。いずれも漢
の草書体が基本になっていますが、カタカナは字をもっと角張らせたり、漢字の画を縮めて作りました。
部で46字からなる「ひらがな」は平安時代から本格的に使われ始め、漢字の日本画とともに漢字と併用して今日に至りま
た。
らがなは日本の日常文字や筆記体の印刷体に使用され、すべての公用書式に使用されています。
本語は韓国人が外国語を勉強しながら比較的易しいと思う言語です。まず語順が同じで単語さえ分かれば易しく話すこ
ができて同じ漢字圏で歴史的理由で日本の単語が私たちも知らない間に多く通用されて使われています。このようなこと
簡単に日本語に接して勉強するにも良い条件です。
語圏の第三国語を学ぶ時は英語が基本にならなければなりません。その語順と単語のスペルまで似ているので、英語を
スターすれば学びやすいからです。

日本語は大きくひらがな カタカナに区分されています。もともと固有の文字を持っていなかった日本は漢字の音(音)を借りて日本語を表記する方法を考案するようになりました。それは漢字の音と訓とは関係なく日本語の音節だけに合わせたもので、初めはこれを万葉仮名(仮名)と言って、漢字のこぼれ体がそのまま使われました。そうするうちに漢字は回数が多く書くのに時間がかかるので、これを次第に簡略化した字体が考案されましたが、これが平仮名とカタカナです。いずれも字の草書体が基本になっていますが、カタカナは字をもっと角張らせたり、漢字の画を縮めて作りました。

全部で46字からなる「ひらがな」は平安時代から本格的に使われ始め、漢字の日本画とともに漢字と併用して今日に至りました。

ひらがなは日本の日常文字や筆記体の印刷体に使用され、すべての公用書式に使用されています。

日本語は韓国人が外国語を勉強しながら比較的易しいと思う言語です。まず語順が同じで単語さえ分かれば易しく話すことができて同じ漢字圏で歴史的理由で日本の単語が私たちも知らない間に多く通用されて使われています。このようなことは簡単に日本語に接して勉強するにも良い条件です。

英語圏の第三国語を学ぶ時は英語が基本にならなければなりません。その語順と単語のスペルまで似ているので、英語をマスターすれば学びやすいからです。